AF345981

SÉ UN EMPRENDEDOR DE ÉXITO

LA GUÍA PARA TENER UNA MENTALIDAD MILLONARIA

AARÓN CASTRO

Título: Sé un emprendedor de éxito
© 2020 Aarón Elias Castro Pulgar

Autoedición y Diseño: 2020 Aarón Elias Castro Pulgar.
Primera edición: enero de 2020
ISBN: 978-84-18213-04-5
Depósito legal: TF 93-2020

Conviértete En Una Persona De Éxito

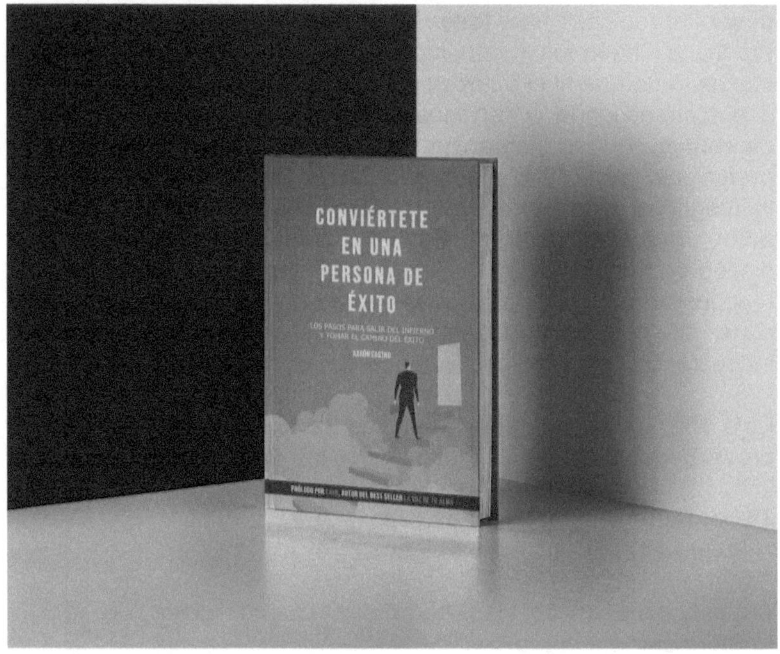

¿Has sufrido mucho hasta ahora? ¿Has estado buscando las respuestas de tus problemas y no has podido encontrarlas? ¿Tienes el deseo de vivir una vida maravillosa?

Este libro es el indicado para todas aquellas personas que están viviendo el infierno de su vida. Para esas personas que se han quedado estancadas, que no saben que hacer, que parece que su vida es un calvario y que desean salir del infierno para vivir la mayor transformación personal de sus vidas.

Vive Una Vida Llena De Éxitos

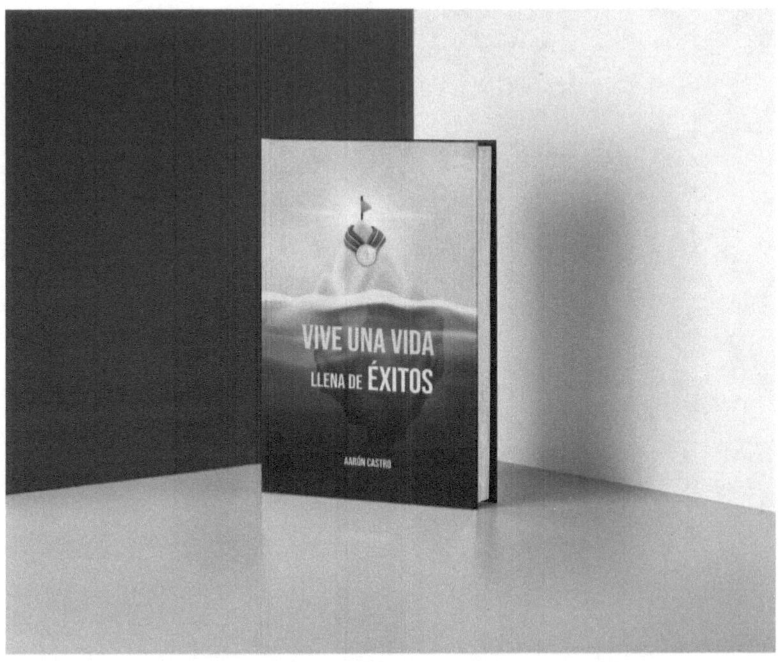

La guía práctica que te enseñará a vivir como viven las grandes personas de éxito. Aprenderás a vivir como ellos, a rodearte con ellos y pensarás como ellos hacen. Vas a vivir la vida que tanto has deseado y que te mereces: UNA VIDA LLENA DE ÉXITOS.

Una guía detallada, basada en años de investigación, descubriendo los comportamientos, secretos, rutinas y hábitos que grandes referentes en distintas áreas, han tenido y que les ha llevado a triunfar en sus vidas.

¡NO TE QUEDES ESTANCADO, VE MAS ALLÁ Y COMIENZA A VIVIR UNA VIDA LLENA DE ÉXITOS!

Sé Un Emprendedor De Éxito

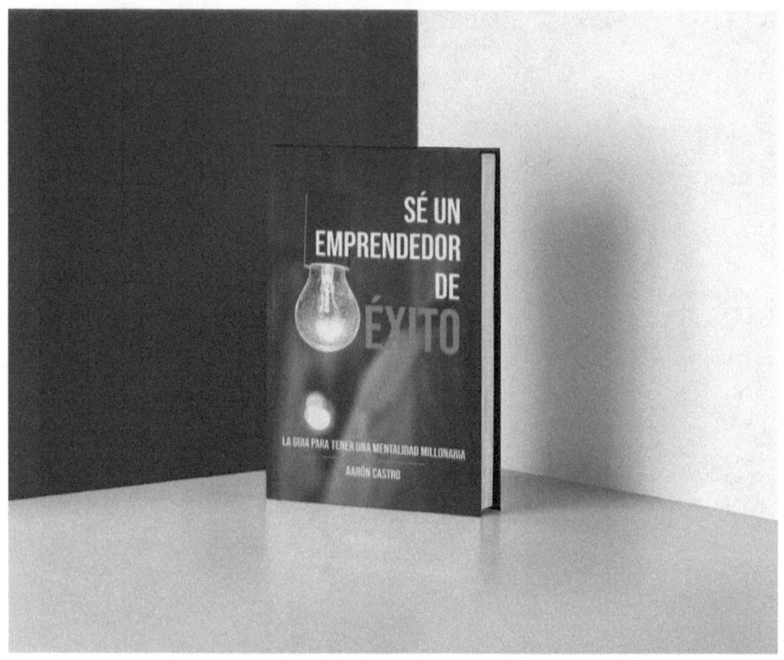

¿Has estado esperando por mucho tiempo a tu libertad financiera? Esta es la guía indicada para todos aquellos que quieren ser emprendedores de éxito.

Es donde aprenderás las claves para tener éxito en los negocios, habilidades que necesitas tener, formas de gestión de dinero y donde vas a adquirir la MENTALIDAD MILLONARIA que te llevará a la LIBERTAD FINANCIERA.

¡EL MOMENTO DE SER LIBRE FINANCIERAMENTE HA LLEGADO A TU VIDA!

Índice

 # ¿Quién soy?

¿Quién soy? ¿Por qué debes darme tu atención?

Lo más probable, es que en este momento te estés preguntado, ¿Quién es este para decirme a mí como llegar al éxito?

Así que aprovecho esta oportunidad para presentarme. Soy Aarón Castro, un joven emprendedor con muchas ganas de comerme el mundo. Desde los 12 años, llevo siguiendo a personas referentes en el éxito: emprendedores, deportistas, escritores, etc. Siempre he tenido hambre por ser mejor persona, he adoptado la filosofía de la mejora constante. Gracias a esto, he logrado madurar, sigo madurando y cada día trabajo, en ser una persona de éxito. Si tú adoptas esta filosofía, verás que poco a poco te irás convirtiendo en un ejemplo para los demás, otros querrán ser como tú y juntos llegarán a la cima.

Como podrás ver, soy un amante del desarrollo personal, esto me ha llevado a formarme; y actualmente sigo formándome, poniendo en práctica todo lo que aprendo, para así obtener resultados en mi vida. Invierto en mí, escucho audios, hago cursos y asisto a eventos. Busco tomar acciones, que me acerquen a ser

una persona exitosa, una fuente de inspiración para los demás.

No sólo amo el desarrollo personal y el mundo del emprendimiento, también amo el deporte. Desde los 7 años hago deporte, éste ha sido mi mejor amigo en la vida; me ha ayudado a no rendirme, a ponerme metas, me ha hecho luchar y soñar en ser grande. El deporte me ha dado muchas lecciones de vida y ha estado presente en situaciones difíciles que he vivido, es un compañero fiel, que te ayuda a crecer como persona.

Una de mis metas, es poder enseñar a otros a salir del infierno, que puedan transformar sus vidas y la de otros. Recuerda: primero debes salir tú para que después puedas decirle a otras personas cómo salir.

¡Se me ponen los pelos de punta, al saber que tú podrás leer este libro y que serás una persona totalmente nueva!
Desde mis redes sociales, Facebook, Instagram y YouTube, busco dar contenido de valor, que permita a los demás a tomar acción en sus vidas. Me contenta, mucho cuando recibo mensajes de personas que me dicen, que gracias a mis videos o alguna de mis publicaciones, han empezado a dominar el timón de su vida. Siento que tengo una gran responsabilidad y por eso busco en mis videos, dar un mensaje capaz de cambiar la mentalidad de otros y que adopten una mentalidad de ganador. Gracias a esto, he logrado salir del infierno y ahora estoy aquí contigo, compartiendo lo que he aprendido y he aplicado para vivir con éxito.
Actualmente, me enfoco a dar educación financiera y de desarrollo personal, totalmente gratis en mis redes sociales, quiero que personas como tú con hambre de éxito sean capaces

de adquirir conocimientos, que te hagan ser una persona libre.

Si quieres saber más, eres bienvenido.

# 2 Mi historia

---

Ven y conoce mi historia.
"Veo la vida como un largo proceso de aprendizaje" - Richard Branson.

Soy Aarón Castro, nací en Venezuela; y a los 7 años me tocó irme del país. Fue duro, estuve un tiempo separado de mi padre, ya que él se había ido primero que yo, por situaciones políticas y me tocó estar solo con mi madre. Es difícil cuando eres un niño, que va a primero de primaria y no cuentas con tu padre que te apoye.

Tiempo después, logramos estar de nuevo juntos en familia y comenzó un nuevo capítulo en nuestras vidas.

De niño jugaba al fútbol, quería ser el mejor del mundo y soñaba con jugar algún día en el FC Barcelona. El fútbol me enseñó muchas cosas, me convertí en una persona disciplinada y poco a poco fui aprendiendo valores, que han sido importantes en mi vida. Desde ese momento, soñaba con la idea de vivir algún día en España. Me enloquecía al pensar eso, me visualizaba paseando por las calles de Barcelona. Era un sueño fuera de lo normal, en ese entonces todos pensaban que yo estaba loco. Mis profesores, compañeros, incluso mi propia familia, me decían que me bajase de esa nube, que no iba a vivir en España.

Tenía dos opciones: Bajarme de la nube y no tener ambición de crecer o quedarme en la nube y seguir luchando para convertir mi sueño en realidad. Decidí no bajarme, no quería ser como los demás, quería ser diferente. Desde un principio supe que no iba a ser fácil, pero tenía fe de que algún día lo lograría.

Ha habido varias situaciones que me han marcado, que me han hecho conocer el infierno. Con 12 años, mi familia y yo vivimos una de las situaciones más difíciles, mi padre fue encarcelado ilegalmente, pensábamos que nuestros sueños se habían acabado.

Tuvimos la bendición de que varias semanas después, logramos salir victoriosos.
a partir de ese momento, me convertí en una persona muy nerviosa e hiperactiva, mi rendimiento académico no era sobresaliente. Un año más tarde, conocí el infierno de nuevo, una vez más, mi padre fue encarcelado ilegalmente. Con 13 años,

viví una depresión muy profunda, recuerdo estar en mi cama, mirando al techo con un dolor en mi corazón, que recorría la punta de todos mis dedos. No sabía que hacer, me sentí solo y muchos me dieron la espalda en ese momento. Los meses siguientes fueron muy difíciles para mí y para mi familia.

Pero lo mejor estaba por venir…

Logré salir de esa situación y recuperé mis ganas de soñar, y es algo que aprenderás a lo largo de este libro. Mi madre al principio fue muy pesimista, pero yo nunca perdí la fe. Mi padre había tomado la decisión de irnos al lugar que siempre soñé, Barcelona. A pesar de todos los problemas que teníamos, mi sueño cada vez estaba más cerca de hacerse realidad.

"No te avergüences de tus fracasos, aprende de ellos y empieza de nuevo" - Richard Branson.
A veces, lo que necesitas en tu vida, es vivir un tiempo en el infierno, para salir de allí siendo un ganador.

A pesar de lo mucho que me afectó esa depresión en todas las áreas de mi vida, me convertí en una persona más fuerte y me tocó volar como un ave fénix. Recuperé la confianza, empecé a escribir mis sentimientos y me hice un amante del éxito. Sabía que para llegar lejos, tenía que aprender de los mejores.
El 28 de marzo del 2017, llegué al lugar que tanto había soñado, Barcelona se convirtió en mi casa. Empecé a crear una nueva vida, tenía hambre de éxito y por nada del mundo me podía dar el lujo de rendirme.
¡Estuve más de un año sin ver a mi padre, pero eso me ayudó a ser aún más fuerte!

Pensando que más nunca volvería a caer, caí. Sufrí una depresión, me había traicionado la persona que más amaba en mi vida. Me sentí solo una vez más. Pensé que era un fracasado, que todo era mi culpa y que me merecía lo peor en mi vida. Gracias a que apliqué lo aprendido y gracias a mis mentores, salí de ese hueco tan profundo en el cual me encontraba

Meses después, me detectaron dislexia y eso no me importó. Sentí la responsabilidad de comunicar mi mensaje al mundo entero, debía ayudarme a mí mismo y también a los demás. Tuve la transformación más grande que he tenido hasta ahora. Confieso que esa depresión fue difícil, no podía dormir y en ocasiones me ponía a llorar en clase. A mi vida llegó el libro "La Voz de Tu Alma", y supe que mi momento había llegado. He vivido en el infierno, mi mente fue esclava de esa miseria. ¡Siempre tuve hambre de mejorar, apliqué lo que había aprendido hasta ese momento, los libros, audios, cursos; y eso me llevó a estar aquí, escribiendo este libro para ti, para que tú puedas ser una persona exitosa!!!

La dislexia no es impedimento. Te pongo el ejemplo de Richard Branson, fundador del grupo Virgin. Branson, de muy joven le detectaron dislexia, no era un buen estudiante. Se le daba muy mal ir a la escuela, pero tenía mucha creatividad para el mundo de los negocios. Actualmente, Richard Branson ha escrito varios libros y es una de las personas más ricas de todo el mundo.
Todo está dentro de nosotros, somos capaces de llegar tan lejos como queramos. Basta ya de excusas, nuestro momento de tomar acción es ahora.

Me he encontrado con muchos obstáculos, me he caído y me

he levantado. Muchos han querido hundirme, pero aquí estoy. He visto como muchas personas se han quedado atrás sin hacer nada, he visto como otros se han conformado con lo que tienen y he visto también, a otros que han optado por ser mejores. Con estos últimos me he quedado, no nos conformamos y queremos llegar lo más lejos posible.

Lloré muchas veces, no veía la luz al final del túnel. Vivía con miedo, me importaba mucho lo que decían los demás, quería hacer lo que personas sin resultados decían, por el simple hecho de ser aceptado. Siempre fui diferente, nunca estuve de acuerdo con compañeros de clase y con mis profesores. Pensé que no tenían una mentalidad de crecimiento y éxito. Muchos me dijeron que no lo lograría, que era muy joven o que simplemente debía dedicarme a otras cosas. Muchas de esas voces provenían del infierno y supe que no debía hacerles caso. Esas voces me dieron energía para salir adelante y brillar. Ahora tú y yo podemos brillar juntos.

A lo largo de las siguientes páginas, te iré contando muchas de las cosas que he vivido y te enseñaré que es posible llegar al éxito. Pero para eso, debemos hacer primero un viaje al infierno. ¡No te preocupes! No estás solo, yo te acompañaré en este viaje. Juntos conoceremos el infierno y juntos saldremos de ahí. Saldremos victoriosos, celebraremos nuestro triunfo y alcanzaremos el éxito.

¿Me sigues?

Hasta ahora has visto que:
- Me dijeron que no lo lograría.
- He sufrido 2 veces depresión.

- Me detectaron dislexia.
- Me he hecho fuerte a pesar de los malos momentos.
- Me han traicionado.
- Nunca he perdido la fe.
- Tenemos mucho potencial dentro de nosotros-

¡Vamos a adentrarnos en esta aventura!

# 3 Rumbo a la victoria

Querido lector, estamos de vuelta, con más y mejores ganas que nunca. Estás aquí, porque de seguro tienes vena de emprendedor, no te conformas con lo que tienes, vas a por más y cuando los demás viven como muchos, tú quieres vivir como unos pocos. Sé como se siente ser diferente, el precio a pagar es muy caro. Pero… Míralo de esta manera, cuando pagas por un bolso Louis Vuitton, obtienes algo de gran calidad.

Es así con el éxito, debes pagar un precio alto, para tener una recompensa muy grande. Te quiero felicitar por estar aquí, has superado varios retos, que te he puesto en los dos libros anteriores. Ahora estamos juntos, trabajando en perfeccionar nuestras habilidades. Los millonarios son ricos en habilidades, entregan valor y viven en abundancia.

A lo largo de esta saga, has ido desarrollando tu mentalidad de éxito y potenciando tus habilidades, ahora eres capaz de hacer más cosas, de las que hacías antes. No solo eso, ahora las cosas las haces bien. Eres un ganador, que va a por todo y que quiere conocer secretos, que muy pocos llegan a descubrir. Te voy revelar información, a la que solo personas como tú, pueden

tener acceso.

Las masas no son capaces de procesar, toda la información que te revelaré a continuación; ellos siguen leyendo revistas del corazón, viendo programas de cotilleo y pasando su vida en el sofá de la casa, mientras comen comida chatarra. Tú en cambio, te levantas por la mañana, contento de que tienes la oportunidad de escribir tu historia, te das una ducha de agua fría, practicas las afirmaciones, tomas acción y cumples con los objetivos del día.

Ya no eres el mismo, eres mejor. No estás acá para lamentarte, ni para quedarte estancado. Estás para dar un paso más, darlo todo y demostrarte a ti mismo, lo guerrero que eres. Tu familia va a ver que se equivocó, al pensar que eras un loco perdido. Le vas a demostrar a muchos, que se equivocaban cuando te decían, que no lo lograrías. Van a ver que tú los ignoraste, acabaste con esos monstruos del infierno.

¿Entonces qué victoria lograremos en esta ocasión?
VAS A PENSAR COMO LOS MILLONARIOS.

Tienes todo lo que necesitas, para convertirte en una persona rica. Lo tienes absolutamente todo. En el libro anterior, te dije que todos nosotros tenemos el potencial necesario, para manifestar toda la abundancia que queremos en nuestras vidas. Te he dicho que hay que ir paso a paso, que debemos cumplir con el proceso, para poder llegar a la cima; una vez que estemos ahí, ayudar a otros para que suban contigo. ¿Cierto que has soñado con mejorar tus ingresos? ¿Por mucho tiempo has sufrido el hecho, de no tener la mentalidad que se debe, para obtener riqueza en tu vida? ¿Has estado rodeado por mucho tiempo de gente pobre?

Sé un emprendedor de éxito

Como muy bien sabes, debes pasar tu tiempo con personas de éxito.

Esto es un obstáculo que ya has superado. Pero tú no te vas a conformar con eso, vas a llevar esto al siguiente nivel, vas a pensar como lo hace la gente rica, vas a convertirte en uno de ellos. Te voy a ser muy claro en este libro, te hablaré sin pelos en la lengua. Es muy probable, que rechaces ciertas cosas, quizá hasta entres en conflicto contigo mismo, pero todo eso es parte del proceso. Sí… del bendito proceso. Si superas todo esto y te quedas conmigo hasta al final, verás que la mejor decisión que podías tomar, era seguir los pasos que te he indicado.

Recuerda que yo no soy quien te hará rico, eres tú quien se hará rico. Yo soy tu guía, tu fiel y leal compañero, que te va a enseñar lo que debes hacer, pero tú lo pondrás en práctica. ¿Has estado esperando a un guía que te enseñe lo que debes hacer? ¿Por mucho tiempo has estado esperado, a que alguien te enseñe los secretos? Yo también estuve en ese lugar y todavía sigo creciendo, sigo aprendiendo cada día. Sé como se siente estar solo, sin que nadie te diga cómo hacer las cosas. Pero ya sabes muy bien, que la información esta ahí, te dije en el libro anterior, donde debes buscarla. Aun así, vas a descubrirla conmigo, te voy a enseñar lo que he aprendido de mis mentores de éxito, personas que hoy por hoy, viven con libertad financiera. Llevo años aprendiendo de ellos y lo sigo haciendo.

Yo estoy aquí, para enseñarte las lecciones que me han dado. Mi misión, es ahorrarte muchos dolores de cabeza que tendrías, si no tuvieras la información adecuada, para tener la mentalidad que se necesita, para alcanzar el éxito en el dinero. No vengo aquí, a quererte vender un método de, "Hazte rico en un día", para eso

está el internet lleno de gurús, con "métodos ultra poderosos", que cobran precios muy altos, por productos con un valor muy bajo.

No digo que todos sean así, conozco personas que de verdad ofrecen, productos con un precio alto y un valor más alto todavía. Lo que digo, es que tú no estás para perder el tiempo, aprendiendo de personas que no te enseñarán nada, tú estás para invertir tu tiempo, en adquirir los conocimientos, que te llevarán a la libertad financiera.

En el primer libro, lograste salir del infierno. Hiciste lo que un ave fénix, resurgir de sus cenizas. Lograste cumplir con todos los pasos, cumpliste los retos y te convertiste, en una persona de éxito.

Luego pasamos al segundo libro, donde empezaste a vivir una vida llena de éxito. Hicimos mucho énfasis, en ciertas cosas que debías perfeccionar, para llevar tu vida en armonía y pudieras ser capaz de vivir, como lo hacen los verdaderos ganadores. Fuiste un paso mas allá y una vez más, viviste una gran transformación personal. Aprendiste muchas cosas que debías conocer, era el momento, para que te hicieras un experto en ellas.
Y ahora estamos en el tercer libro de esta saga…
¿Qué vas a aprender en este libro?

Vas a aprender, el modo de pensar de los ricos, vas a tener la mentalidad abundante, que todos ellos tienen. Entenderás de una vez por todas, que los ricos no son gente mala, como muchos te han dicho; vas a tener una mejor relación con el dinero y entenderás, que es una gran herramienta a usar, para tener un

buen estilo de vida y poder ayudar a los demás.

Lo bonito de tener riqueza, es que puedes ayudar a otros, para que también puedan alcanzar la libertad financiera. De nada sirve llegar a la cima y no ayudar a nadie. Porque si cometes ese error, te irás en un vuelo de primera clase, directo al infierno.

También te hablaré de mi experiencia, de las cosas que me he fijado de mis mentores y todo lo que me ha tocado vivir hasta ahora. Si me sigues en la redes, verás mi día a día; siempre que pueda contestarte alguna duda, lo haré. Estamos juntos en esto, no lo olvides. Te voy a dar varios modelos de negocio, que puedes comenzar a desarrollar desde ahora. Este es un tema muy largo, que nos llevaría muchísimos libros… Pero iré directo al grano contigo. Quiero antes que nada, que aprendas las bases, porque te van a ayudar en todos tus negocios. Luego pasaremos a la práctica y te daré los consejos que necesitas, para tener éxito en los negocios que te mostraré.

No vengo aquí para hacer, lo que los profesores de universidad y del instituto hacen. Ellos solo se dedican a decirte la parte teórica, pero nunca te enseñan la parte práctica. La gran mayoría, pasan años estudiando y cuando les toca salir al mundo real, se mueren del miedo. No tienen ni idea de que hacer, comienzan a conformarse con lo primero que se encuentran. Es en ese momento, donde viven con salarios miserables, como muchos hacen. Tú no estás para ser uno de ellos, tú eres diferente y vas a aprender, lo que en las universidades no enseñan.

"El secreto de la riqueza es simple: encuentra la manera de hacer más por los demás, que cualquier otra persona. Hazte más

valioso. *Haz más. Da más. Sé más. Sirve más".* - **Tony Robbins.**

En este libro, vas a tener que matar a tu indefensión aprendida. ¿Qué es esto? Es muy sencillo: Es la condición a comportarse pasivamente, con la sensación de no tener la capacidad de hacer nada, ya que no respondes ante las oportunidades que tienes, para cambiar una situación. Este comportamiento, trata de evitar los momentos incómodos, para que sientas que haces lo correcto. Esto lo único que logra, es que te comportes como un incompetente, alguien que no tiene mucha cabeza y que no puede hacer nada en su vida.

Tú vas a lograr acabar con eso, vas a ser una persona proactiva, que todos los días, va por aquellas cosas que quiere.

La indefensión aprendida te paraliza. Durante mucho tiempo, te ha hecho perder las oportunidades, de ser una persona rica. Debes hacerte adicto a la adrenalina de emprendedor, también a tomar riesgos. Ningún rico de la lista Forbes, ha pasado toda su vida siendo el mismo de siempre, todos ellos han progresado y no se han paralizado, ante las oportunidades que tienen, para hacer cosas muy grandes.

Los monos en los zoológicos, son un gran ejemplo para que entiendas esto: El mono, no intenta hacer nada por sí mismo, el condicionamiento social, le ha enseñado que se alimentará, a las 6 am y a las 4 pm, todos los días; no tiene que hacer nada, porque todo lo tiene servido en bandeja de plata. El mono probablemente sabe que está en un recinto, tal vez ha intentado escaparse un par de veces, pero sus intentos no han sido exitosos. Ha llegado a la aceptación de vivir en estos términos y ha adoptado, lo que

Martin Seligman llama, "indefensión aprendida". El mono ya no es capaz de hacer nada, incluso si se abriera la puerta de la jaula, no intentaría escapar, se ha condicionado a creer, que todos los intentos de escape son inútiles.

Esto no solo pasa en los zoológicos, también pasa con nosotros. Muchos encierran sus mentes en la jaula de la pobreza, por eso no piensan más allá y por eso no progresan. Yo en este libro, te ayudaré a sacar a tu mente, de esa jaula tan horrible, en la que ha permanecido durante mucho tiempo, en materia de emprendimiento. Vas a vivir, sentir y pensar como un gran emprendedor.

De seguro que has intentado, perder peso en varias ocaciones, pero te has estancado, luego de perder 5 kilos. Seguramente tiraste la toalla, sin antes haber analizado, que probablemente fallaste en el cálculo de consumo de calorías, o que no entrenaste lo suficiente. Adoptaste un pensamiento, de que siempre ibas a fracasar, incluso a pesar de tu esfuerzo.

Otro ejemplo, posiblemente ha venido algún entrenador personal, a ayudarte con tu estado físico y lo rechazaste, porque pensaste que eres todo poderoso, que ibas a lograr los mismos resultados sin su ayuda. Ahí perdiste una oportunidad de aprender, de alguien con resultados.

Quizá ahora eres vendedor, en una empresa prestigiosa de bienes raíces y has intentado llamar a algunos prospectos, pero te han rechazado. Te has convencido de que, independientemente de cuán persuasivo sea tu abridor, o cuán buena sea la propiedad ofrecida, nadie te comprará una casa o departamento. Tiras

la toalla, sin al menos intentar mejorar tus habilidades como vendedor, te conviertes así, en un mono atrapado en su jaula.

Las cosas pueden salir mal en cualquier momento, a mí muchas veces me ha ido mal, cuando he intentado emprender algún negocio. Es algo normal, es parte del proceso y de tu aprendizaje. Todos los malos momentos, te ayudan a forjar tu camino hacia adelante. En el camino, tendrás que hacer pequeños cambios, en función de tus resultados. Las personas que son víctimas de la indefensión aprendida, son las personas que no entienden, que el camino no es fácil y que toca hacer muchos sacrificios. Nunca es fácil llegar al éxito, pero es posible llegar.

Te garantizo, que vas a cambiar tus creencias sobre el dinero, vas a dejar las de una persona pobre y adoptarás creencias de personas ricas. Lo vas a lograr y para eso, estoy aquí contigo. Vas a demostrarte una vez más, que eres un gran guerrero.

Así que no te hago esperar más, vayamos de una vez por todas, directo al asunto que nos trae hoy aquí. Quiero dejarte un poco de misterio, porque este libro va a ser para ti, un camino de descubrimiento personal, vas a ver que eres capaz de ser exitoso/exitosa, en el mundo de los negocios.

¡VAYAMOS A ELLO!

4 Pizarra de visualización

Te vengo a enseñar, uno de los grandes secretos, que tienen los millonarios. Todos, absolutamente todos, han hecho esto alguna vez en sus vidas. Es una herramienta muy efectiva y práctica, que ayudará a tu mente a tener la programación adecuada, para que obtengas toda la abundancia que quieres. Nuestra mente necesita ver cosas, para que recuerde hacia donde debe ir. Tú debes mostrarle a tu mente, la dirección que estás cogiendo, no puedes dejar que actúe al azar. Las afirmaciones, acompañadas de sesiones de meditación, donde visualizas tus objetivos, como si ya los hubieses logrado, ayudan a tu mente a estar en el programa mental adecuado, que te hará sentir y actuar, como la persona que ya ha logrado esas metas.

Digamos que es una forma de mentirle a tu mente, para que actúe a tu favor. Hay una frase que me encontré un día, que dice así: No puedes depender de tus ojos, cuando tu imaginación está fuera de foco. Necesitas saber como va a lucir tu vida. En otras palabras, debes imaginarte como será tu vida, cuando tengas libertad financiera.

Will Smith, uno de los mejores actores de Hollywood, dijo en

una ocasión: "En mi mente, siempre he sido una estrella de Hollywood, solo que no lo sabía todavía". Conor Mcgregor, uno de los mejores peleadores en la historia de la UFC, afirmó que siempre se entrena, para poder visualizar sus objetivos. Él, antes de ser uno de los mejores peleadores, vivía en casa de su madre, junto a su esposa. Aun así, nunca dejó de tener fe, siempre entrenaba y se visualizaba, siendo campeón de la UFC. El 9 de marzo de 2008, hizo su debut profesional como peleador; el 6 de abril de 2013, Mcgregor disputó su primera pelea en la UFC; tiempo después, se convirtió en uno de los mejores pagados en la historia de la UFC.

La herramienta que te estoy dando ahora, es muy sencilla de aplicar, pero quiero que veas como la gente de éxito, lo ha hecho en su vida; y que tú ahora lo vas a hacer.

Lo primero que debes saber, es que tu pizarra de visualización, tiene que ser clara. Debes tener definidas tus metas y ponerlas ahí. Te va a servir como fuente de inspiración. Siempre que la mires, recordarás la razón que te hace luchar todos los días y recordarás, que debes darlo todo. Y sobre todo, es un recordatorio; estás recordando que no puedes tirar la toalla, que debes llegar ahí, pase lo que pase.

1. Piensa en lo que quieres que represente este tablero para ti.
2. Piensa en cuales sentimientos y emociones quieres tener, cada vez que veas esa pizarra.
3. ¿Cómo es una vida perfecta para ti? Ilústrala con imágenes en la pizarra.
4. ¿Qué hace valiosa tu vida dando todo lo que tienes?
5. Cuando estés a punto de morir, ¿qué necesita pasar, para que

estés satisfecho de la vida que has vivido?

Lo que te recomiendo, es que tengas 3 pizarras de visualización diferentes; esto es para que las puedas dividir por áreas, así a la hora de trabajar con ellas, tengas mayor claridad.

1. **Metas:** Ten una pizarra que vas a ilustrar con tus metas. Coloca fotos de coches, dinero, casas, etc. Serán fotos de las metas, que quieres alcanzar en tu vida.
2. **Mente:** Añade frases de personas, que han logrado cosas muy grandes, puedes tomar frases de libros. Busca en internet y ponlas ahí. Esta pizarra es para que tengas, la filosofía de una persona de éxito.
3. **Rendimiento:** Esta pizarra te va a inspirar mucho. Aquí vas a poner fotos de las personas que más admiras, que obviamente hayan alcanzado resultados. Por ejemplo, si quieres ser el mejor chef del mundo, pon fotos de los mejores chefs del mundo; siempre que los veas, te inspirarás de ellos y recordarás, que tú quieres llegar al lugar que ellos han llegado.

Esta pizarra es para ti, será algo muy personal. Es como tu diario de afirmaciones, nadie tiene que estar viendo lo que tienes ahí. Yo esto lo aplico diariamente, siempre que puedo hacer un momento de visualización frente a mi pizarra, lo hago. Yo te pido, que cuando estés frente a ella, pongas música que te haga sentir bien. Visualiza como va a ser tu vida, con todos tus objetivos alcanzados; siente como te sentirías, piensa como si estuvieras allí. Este debe ser un momento donde debes pensar y sentir, como si ya lo hubieras logrado. Por lo tanto, asegúrate de no tener distracciones y que sea un momento privado contigo

mismo.

No puedes ser vago. Con esto me refiero, a que no puedes estar pretendiendo, tener resultados con el solo hecho de montar la pizarra, pero no hacer nada con ella. De nada te sirve tener esa gran fuente de inspiración, si no la usas a tu favor. Recuerda que esta es una herramienta, para poder manipular tu mente y emociones; y así puedas alcanzar la programación mental adecuada, que te llevará a obtener los resultados, que tanto estás buscando.

Todos los días debes inspirarte con tu pizarra, viendo a tus ejemplos de éxito, tus metas y las frases de personas exitosas. El objetivo con esta pizarra, es que las imágenes que pones allí, pasen a tu subconsciente, para que asimile eso como tu realidad. Esa realidad, será vivir como una persona próspera. Asegúrate también, de que en la pizarra estás trabajando el dinero, amor y salud. Refuérzalo con afirmaciones, así podrás trabajar en ellas, mientras las visualizas frente a la pizarra.

Recuerda que no te debes desesperar. Todo llega a su tiempo; poco a poco, estás logrando esos objetivos. Tu vida no puede cambiar por arte de magia. Eres tú quien toma acción y llegas al lugar que quieres.

Como puedes ver, yo tengo mi pizarra de visualización desde hace un tiempo. Como he ido progresando, debo cambiar algunas cosas que tengo puestas ahí, e ilustrarlas con mayor claridad. Cada vez que la veo, me siento abundante. Siento que todo eso, ya lo tengo en mi vida. Es como una referencia, que me ayuda a no desviarme en el camino y seguir por donde debo ir. Esta

pizarra, me ayuda también a tener confianza, sé que lo puedo lograr y que no importan los obstáculos, que pueda encontrar en el camino. Esto lo aprendí del documental "El Secreto". Una de las claves, para manifestar lo que quieres en tu vida, es poniéndolo en una pizarra. Lo lograrás y te quedarás impresionado, que lo que inició siendo una simple fantasía, terminó convirtiéndose en tu realidad. También he visto, como mentores como Tai Lopez, aplican esto. Él, en su casa tiene un gimnasio personal y en la pared, están colocadas fotos, de las personas más exitosas en la historia del deporte. Esto le ayuda, a que cada vez que va a entrenar, recuerda que debe darlo todo, para tener la salud que ellos tienen.

El empresario Patrick Bet-David, cuando estaba estudiando en el ejército, tenía en su habitación fotos, de aquello que él quería en un futuro. Colocó fotos de super modelos, casas y hasta un Ferrari. Tiempo después, terminó conociendo a muchas de esas modelos y también, compró un Ferrari. Ahora, es el creador del canal de YouTube, Valuetianment. Ha escrito varios libros. Además de ocuparse de sus empresas, también se dedica a educar a emprendedores, con sus libros, videos y conferencias.

No pienses que hacer esto es una locura. No te debe afectar lo que otros digan de ti, respecto a esto. Debes sentirte orgulloso, de estar usando una herramienta, que muchos millonarios usan.

Así que hagamos un repaso, de los materiales que necesitas, para tener tu pizarra de visualización:

- Fotos que te importen mucho.
- Citas, refranes, imágenes de lugares, que te gustaría visitar.

- Citas de grandes personas.
- Referencias de libros antiguos de filosofía y fe.
- Fotos de grandes ejemplos.
- Fotos de tus objetivos.
- Tres tableros de 24 x 36. Usa pegamento y tijeras, para acomodar las fotos y frases.

Espero que desde ya, comiences a usar esta gran herramienta. Ahora vayamos al siguiente capítulo, donde empezarás a adquirir la mentalidad, que debe tener un emprendedor de éxito.

¿Me sigues?

¡Vayamos a ello!

 5 Empecemos con lo básico

Es importante que cambies tus creencias y pienses como lo hacen las personas de éxito.

Hacerse rico rápidamente es factible para ti.

Con rápidamente me refiero, a que no necesitas estar 50 años de tu vida esperando, para ser libre financieramente. Ahora mismo, puedes ponerte el objetivo de aumentar tus ingresos a una determinada cantidad, en menos de 5 años; puedes trabajar día a día en ello, verás que en ese periodo de 5 años, lo lograrás. Si tienes un compromiso del 100%, para lograr lo que quieres, lo vas a conseguir. Porque al comprometerte, te exiges a darlo todo.

Mucha gente rechaza la idea, de hacerse próspero en menos de 5 años; esto es porque hay muchas personas en internet, que te prometen el cielo y la tierra, pero no te enseñan nada. Lo único que hacen es estafar a la gente; cierran las puertas de la victoria de otras personas, por querer el dinero fácil y sin esfuerzos. El dinero fácil no existe, pero puedes ganar mucho dinero, en un corto periodo de tiempo, si tienes la mentalidad adecuada y unos buenos conocimientos, que te acompañen a lo largo del camino.

Debes entender, que vivimos en un mundo que está cambiando constantemente. En la actualidad, si te tardas más de 5 años en construir un imperio, estás perdiendo el juego del dinero. Obviamente, a algunos les puede llevar más o menos tiempo, pero pongo el número 5, para tener una guía. Todos mis mentores lo hacen, ellos han creado sus propios sistemas de negocio, sabiendo muy bien, que mucha gente no aguanta darlo todo cada día, durante 5 años. Vivimos en un mundo, donde no te puedes parar a pensar las cosas más de 2 veces; o emprendes o mueres. Los emprendedores toman acción inmediatamente y se apañan durante el camino.

Cada día, los gustos de la gente cambian. La tecnología cambia, los mercados cambian, todo cambia. Si tú no te adaptas a esto, entendiendo que para poder ser próspero necesitas cambiar, no llegarás a nada. Si en la actualidad existen personas, que están haciendo las cosas suceder, en un corto periodo de tiempo, tú también puedes hacerlo.

Lo que antes una persona tardaba años en aprender, ahora lo puede hacer en meses. Vivimos en un mundo globalizado, donde necesitas que tu negocio se apalanque con las nuevas tecnologías. Desde la habitación de tu casa, puedes aprender sobre administración de empresas y aplicarlo inmediatamente. Tú te diferenciarás de otro, que está en la otra punta del mundo, gastando mucho dinero en una carrera
universitaria, que al cabo de 4 ó 5 años, no le dará resultados.
<u>Tomas acción ya, o perderás el tren.</u>

"Crear riqueza rápidamente, se ha convertido casi en una necesidad. Debido al rápido ritmo del mundo, los ciclos de

carrera se han acortado." - **T. Harv. Eker.**

Una persona promedio, pasa toda su vida intentando tener cierta libertad económica, mientras que las personas de éxito, están todos los días trabajando, en alcanzar la libertad financiera. Lo logran porque saben muy bien, que si no se esfuerzan, difícilmente lo conseguirán y morirán sabiendo, que pudieron haberlo hecho, pero no lo hicieron.

El famoso ciclo de vida de un producto ha cambiado; lo que conocíamos como: introducción, crecimiento, madurez, saturación y declive, antes le solía tomar, hasta 20 años a una empresa. Ahora, tu producto se puede convertir en un gigante, en 5 años.

Por ejemplo, mira a la compañía Apple. No tardan 10 años en sacar un nuevo dispositivo; ellos deben actuar rápido, para poder ganarle a la competencia y ser líderes en el mercado. Cuando sacan a la venta un producto, su equipo ya está pensando en crear el siguiente y también, en desarrollar actualizaciones de su sistema operativo. Si ahora mismo desarrollaras un software, no pasaría mucho tiempo, para que sea superado. Si tardas 6 meses en sacarlo, eres afortunado; pero si tardas más, puedes ya olvidarte. Antes los programadores iban a la universidad, ahora cualquiera que tenga un ordenador y conexión a internet, puede aprender a programar. Los programadores de ahora, deben estar siempre actualizados, con los avances que existen en los lenguajes de programación; si no lo hacen, se quedan atrás, entendiendo que quedarse atrás significa, que tus ingresos caen en picada. El pasado no es igual al futuro; el éxito es una habilidad que puedes aprender. Ahora mismo, te estás comprometiendo a darlo todo,

hasta alcanzar la libertad financiera en tu vida. No vas a parar hasta conseguirlo, pase lo que pase, vas a ir a por todo, sin importar lo que los demás digan de ti.

Como dice T. Harv. Eker, tú siempre puedes ser más y tener más, porque siempre puedes aprender más. Si haces lo que otros no hacen, si haces más de lo que tu competencia hace, vas a ver que tendrás mejores resultados. El emprendedor está siempre aprendiendo, en cambio el perdedor, se conforma con lo que tiene. ¿Quieres ser emprendedor o perdedor? Si tú de verdad quieres tener abundancia en el dinero, salud y amor, debes tener una fuerte convicción de tu deseo.

Cuando lo deseas con toda tu alma, las cosas van más rápidas. ¿Sabes por qué sucede esto? Porque dejas de perder el tiempo, logrando estar enfocado, en lo que realmente es importante para ti. Una meta de este tipo, necesita foco, compromiso y en muchas ocasiones, trabajo duro, sobre todo al inicio.

Piensa ahora mismo, en la persona más rica que conozcas, ¿Esa persona tiene un trabajo o es emprendedora?, ¿Te has posicionado con tu propio negocio?, ¿Cuál es tu alternativa?, ¿Regresar a la escuela?, ¿Buscar otro trabajo?, ¿O ser un emprendedor?.
En Estados Unidos, el 83% de los estudiantes universitarios, no tienen claro donde van a trabajar, luego de graduarse. Cuando una persona viene a mí, a decirme que debo ir a la universidad, para "ganar respeto y ser alguien", les digo: ¿Por qué quieres que yo vaya a la universidad? Yo no quiero ser parte de esa estadística, no nací para ser un conformista. Tú y yo, venimos a comernos el mundo, no somos esclavos, somos ganadores.

Sé un emprendedor de éxito

Te pongo en situación: ¿Le darías un préstamo bancario de 100.000 dólares, a un niño de 17 años, que no tiene crédito bancario y que tampoco tiene un empleo? Claro que no; pero las universidades en los Estados Unidos, sí que lo hacen. Es increíble lo que te voy a decir, pero todos en Estados Unidos pagan impuestos, menos las UNIVERSIDADES. La ley les protege, no importa si son privadas o públicas, todas ellas están exentas de pagar impuestos. Por ejemplo, si venden entradas para un partido de baloncesto, tampoco deben pagar impuestos. Todas sus actividades están exentas. O sea, es muy sencillo: Ellos ganan millones y no pagan nada de impuestos.

Un estudiante pasa 4 ó 5 años dentro de una universidad, pero al salir de ella, no puede hacer nada. Porque en ese periodo, ha cambiado el mundo. No tiene mentalidad abundante, es un empleado más, que ha perdido todo su dinero; incluso es muy probable, que se quede con esa deuda de por vida. Según datos que he podido investigar, sobre la Universidad de Rutgers, ellos cuentan con más de 70 mil alumnos, que pagan una media de 26 mil dólares al año. Estamos hablando de 1.8 MIL MILLONES DE DÓLARES. ¡Una universidad gana más que la empresa Tesla!

La Universidad de Harvard, tiene una dotación financiera de 36 MIL MILLONES DE DÓLARES. Según datos del Fondo Monetario Internacional, Harvard podría ser, la economía número 96, más grande del mundo. Con el dinero que tienen, podrían pagar la educación de 6 mil estudiantes, por un valor de 50 mil dólares, por 120 años.

¿Puedes creer que la cifra de préstamos universitarios en Estados Unidos, se ha doblado hasta 1.3 trillones de dólares, en los últimos 10 años?

Esto significa, que los estudiantes al salir de la universidad, no son capaces de comprar un coche o una casa, por culpa de este préstamo. Te sale mucho más económico, estudiar de libros y por internet, que estar perdiendo el tiempo en una aula de clases. El futuro no está en ir a perder tu dinero ahí, sino en usar las nuevas tecnologías. El 66% de estadounidenses hasta el año 2017, no ganaban más de 41.212 dólares por año. El 65% de nuevos trabajos en Estados Unidos, han sido creados por emprendedores, desde 1995. Los emprendedores están cambiando la forma de trabajar, procuran que su personal cobre por resultados, no por un salario. Buscan contratar a personas con talento, de las cuales ellos pueden aprender.

Si nos fijamos en la historia de la humanidad, podemos ver casos como Cristobal Colón, quien descubrió América, él fue un emprendedor. Tomó un barco y emprendió rumbo a nuevas tierras. George Washington, también fue un emprendedor. Los emprendedores son las personas, que hacen grandes cambios en la sociedad, están luchando hasta el final de su vida y no se conforman, con lo primero que obtienen. Ellos no viven para tener un trabajo, de 9 am a 5 pm.

¿Sabes por qué la gente adquiere esta rutina? Porque ven que otros lo hacen; entonces, como otros lo hacen, van detrás de la manada, sin saber que va a pasar, solo lo hacen y punto. ¿Sabes por qué muchos no son emprendedores? Por miedo, no se hacen amigos del miedo, como tú ya lo has hecho, en el primer libro de esta saga; ellos dejan que el miedo se los coma, en vez de usarlo como gasolina para emprender. Los emprendedores al sentir miedo, saben muy bien que es su momento de tomar acción; y por eso estás aquí, porque vas a tomar acción.

Las personas que se convierten en emprendedores, tienen una razón más profunda que ganar dinero. Ganar dinero es una razón, pero hay algo más… Es un sentimiento que te mueve día a día; a mí, me hace sentir poderoso. Los emprendedores queremos cambiar el mundo, estamos cansados de hacer siempre lo mismo, somos un poco rebeldes y por eso no nos gusta, el sistema educativo tradicional.

Queremos ayudar a los demás y nos inspira el hecho, de cambiar la vida de otras personas. Lo damos todo, si tenemos que limitar ciertos caprichos, para tener más dinero para invertir, lo hacemos. No nos importa dormir en el suelo, nosotros hacemos las cosas, cuando otros están durmiendo.

Queremos ser diferentes, odiamos la idea de ser como el típico empleado, que solo espera a su jubilación. Queremos tener un buen estilo de vida, soñamos con poder vivir en una casa hermosa, viajar por el mundo y hacer dinero. Queremos disfrutar experiencias maravillosas, con nuestros seres queridos y sabemos muy bien, que si no somos constantes, nunca llegaremos a eso. ¿Te identificas con esto? Entonces es muy probable, que vayas por un buen camino.

¿Puedes creer que el 54% de estadounidenses, nunca ha viajado fuera de su país?

Las personas son felices, cuando son dueños de su propio negocio. Las drogas solo te dan felicidad por 30 minutos, ya luego se va el efecto. Pero los emprendedores, siempre están felices. Porque tienen un gran compromiso, saben que tienen un

propósito de vida. Yo siempre estoy feliz, porque sé que con mis libros, puedo ayudar a miles de personas, alrededor del mundo. Estoy feliz porque soy diferente a los demás, quiero ser el dueño de mi tiempo y poder hacer lo que yo quiera.

Ser emprendedor le da sentido a tu vida, cada vez que te levantas, tienes una razón para estar alegre… La razón, es que puedes cumplir con tus objetivos. La vaguedad, viene del aburrimiento, pero un emprendedor nunca está aburrido, siempre anda activo y haciendo cosas. La gran mayoría de las personas están tristes, porque no tienen acción en sus vidas, en cambio una persona que es abundante y que busca la mejora constante, siempre, siempre, siempre, está activa.

Las personas que no crean cosas nuevas, son más propensas a estar deprimidas. A mí, en la última depresión, lo que me ayudó mucho, era estar cada día creando nuevas cosas. Buscaba aprender algo, adquirir habilidades, crear contenido para mis redes, etc. Eso me motivaba a mejorar. Escribir este libro, es crear algo. Estoy creando una obra, capaz de abrir tu mente a la prosperidad, esto hace que yo esté alegre, me inspiro y se vienen nuevas ideas a mi cabeza. Muchos diseñadores gráficos, se sienten contentos cuando crean un gran diseño, porque están usando toda su capacidad, para crear un arte hermoso.

Muchos programadores, se alegran cuando son capaces de crear algún programa. ¿Por qué crees que Ikea es una empresa millonaria? Porque ellos te dan la alegría, de que eres el dueño de algo. Tú vas y armas tu propio mueble, te esfuerzas y al terminarlo, te da alegría. Alegría de que lo lograste, de que otros pueden verlo y tú decirles, "lo he hecho yo". Ese sentido de pertenencia, te hace

sentir completo. Cuando eres dueño de tu propio negocio, eres feliz. Cuando tienes tu propio coche, también. Ser el dueño de tu vida, te da mucha felicidad.

Los eventos de networking, están hechos para crear comunidad. Te alegras de que estás rodeado del tipo de personas, que quieres en tu vida. En cambio, en los trabajos no hay comunidad, cada quien va a lo suyo y punto. A las personas les gusta juntarse con más personas, siendo esto muy beneficioso, cuando te juntas con personas ganadoras como tú.

Así que dicho esto, hagamos un pequeño test, para ver si tienes ADN de emprendedor:

1. Descansas poco y los logros que consigues, no son suficientes para ti.
2. Eres una persona dominante.
3. Eres masoquista.
4. Tienes una relación amor - odio con el dinero.
5. Eres una oveja negra, quizás hasta eres un desertor. Has abandonado el trabajo o la universidad.
6. Las personas piensan que estás loco.
7. Eres un poco introvertido, pero tienes personalidades diferentes.
8. ¿Te gustan las matemáticas?, ¿Tienes un gusto caro?, ¿Eres bueno contando historias?, ¿Tienes una ética fuerte de trabajo?, ¿Vendiste algo cuando eras pequeño?, ¿Eres curioso?, ¿Ruidoso?, ¿Sin timidez?.

Si vas a empezar a emprender, debes tener claro que tu negocio, debe ser atractivo y relevante. Debes asegurarte de tener ambas cosas juntas. Por ejemplo, para un chico de 18 años, tirarse de

bungee desde un puente, es atractivo, pero no relevante. ¿Por qué debes entender esto? Porque debes seducir al comprador de tu producto, para no quedarte fuera del juego. Por ejemplo, un beso de la chica más guapa del colegio, es atractivo y relevante. Pregúntate: ¿Tu negocio es atractivo y relevante? ¿Qué puedo hacer para que lo sea?

Los emprendedores necesitan ser competentes, tener ciertas habilidades y conocimientos, para tener éxito en los negocios. Como te he dicho y te diré, debes estar siempre buscando información, de aquello que te apasiona; ya que si conoces mucho sobre eso y sabes aplicarlo, podrás ganar mucho dinero.

Los emprendedores necesitamos vencer nuestros miedos, porque si no los vencemos, estos nos van a paralizar y harán que perdamos oportunidades de crecimiento. Pero sobre todo, hay que reforzar nuestra autodisciplina y motivación. Si tenemos una autodisciplina baja y un miedo alto, estamos fritos. Si tenemos un miedo alto y una autoestima baja, estamos bien fritos. Nuestra tarea es asegurarnos, que el miedo sea bajo y que nuestra autoestima, disciplina y motivación, estén siempre altas.

Cuando una persona está decida a emprender, muchas veces, hay una motivación detrás de ello. Puede ser que tu pareja fue infiel contigo y ahora decidiste, darle un cambio de rumbo a tu vida, emprendiendo en nuevo negocio; esa rabia que tienes de haber sido engañado, hace que centres tu foco, en lo que realmente importa, en aquello que te dará razones para vivir. Puede ser que algún ser querido haya muerto, ahora te encuentras solo y tu única alternativa, para seguir adelante, es emprendiendo. O puede ser el caso de una madre divorciada, que ahora debe

sacar adelante a sus hijos, que su única opción, es crear su propio negocio. Utiliza todo ese coraje que tienes, para procurar que el negocio, sea atractivo y relevante.

"El no tener dinero, no es una condición física, sino mental." – Jürgen Klaric.

Puede ser que necesites y quieras cosas en tu vida, pero no tienes los recursos suficientes, entonces decides ser libre financieramente. Puede ser que te hayan roto el corazón, que ahora quieres ser abundante en el amor, o puede ser que tengas una mala salud y ahora quieres cambiar tu vida.

También puede darse el caso, de que tengas un salario penoso, no estás conforme con ello y quieres ganar más dinero. En mi caso, yo no quiero tener problemas económicos, me gustan los negocios y quiero vivir, como viven mis ejemplos a seguir. Quiero ser como Grant Cardone, poder ayudar a los demás con mis conferencias. Me encanta pensar en ello, sueño con vivir bien, poder viajar por el mundo, tener un buen coche y enseñar a los demás, a que ellos también pueden lograrlo. Veo como ellos viven, sus casas, ropas, etc., y me fascina eso. Me encanta poder subirme a un escenario, para impactar en la vida de cientos de personas; ser ese alguien, que les cambie el chip mental, para hacer que ellos tomen acción. Lo importante, es que esa motivación que tengamos, séa nuestra gasolina, que nos mantenga vivos y que no nos haga abandonar.

Cuando tenemos autodisciplina, nuestro miedo se bloquea y nos dejamos de quejar, ya que sabemos lo que tenemos que hacer y lo hacemos. Debes tener claro, que la pobreza no es física, es mental. Cuando tienes la disciplina de cambiar tu programa

mental, todo a tu alrededor cambia, eres capaz de convertir en oro, todo lo que tocas.

<u>Te pongo un ejercicio:</u> Usualmente, comemos cada 4 - 5 horas. Si cada vez que tu mente se antoja de comer comida chatarra, decides ingerir alimentos saludables, tu programa mental va a cambiar. Si haces esto, puedes con todo.

Debes tener la disciplina, de siempre ir a ganar. Hacerte adicto a la adrenalina de emprender. Métele ganas y hazlo; no estás aquí, para hacer realidad los sueños de otros. Si amas lo que haces, quédate… Cuando amas lo que haces, significa que estás cumpliendo con tu propósito. Pero en cambio, si no amas lo que haces, procura que nadie juegue con tu emprendimiento.

Otro punto que debes tener en cuenta, es que como emprendedor, tienes que hablar claro y seguro.

Demuestra de qué estás hecho, tus sueños no son negociables. Si no están contigo, apártalos. No puedes estar negociando tus metas. Ten cuidado sobre todo si eres joven, porque puedes llegar a dar la impresión, de que eres una persona prepotente. Pero intenta ser siempre firme a la hora de hablar, la gente debe notar tu presencia.

Un buen emprendedor, debe ser un buen líder. Si tú quieres caerle bien a todo el mundo, no serás un buen líder. Esto es algo que aprendí del experto en ventas, Jürgen Klaric: debes caer mal al 20% de las personas y el otro 80%, te debe amar a muerte. Cuando la gente está contigo, es porque eres autentico; no puedes pretender ser algo que no eres, pero sí puedes ser mejor de lo que eres.

Sé un emprendedor de éxito

Nunca puedes pasar el margen del 20% de rechazo, porque tu negocio se iría a la basura. Como líder, no puedes estar perdiendo el tiempo odiando a otros, la envidia mata y hace que muera tu abundancia. No puedes estar odiando el hecho, de que otro venda más que tú; porque no se trata de vender, se trata de dar valor al mundo. Eso es lo que te va a permitir ser diferente de la competencia. Un líder no odia, un líder aporta valor.

¿Todavía tienes miedo? Pues bien, haz lo siguiente: EMPRENDE. Emprender quita el miedo, porque te obligas a actuar, mucho análisis genera parálisis. Si ahora mismo eres un empleado, haz algo prudente, empieza por ir acumulando activos, ve preparando tu negocio, hasta que te veas capaz de renunciar a tu empleo.

¿Dicen que eres un loco? SIÉNTETE ORGULLOSO, BIENVENIDO AL CLUB DE LOS MILLONARIOS. Los locos vamos con todo; nosotros los grandes, no estamos pensando las cosas más de 2 veces. Cuando tenemos una idea, no andamos con el miedo de que otro la robe, porque nosotros la regalamos, antes de que nos la roben :) No me vengas con la excusa de tener miedo, de que te roben la idea "maravillosa" que tienes. Ideas hay muchas, pero pocos las hacen realidad. Es un error pensar que tu idea es buena, porque lo que debes hacer, es parar de pensar en eso y hacerla realidad.

Las ideas ya están todas en Google, puedes tomarlas de allí y hacerlas mejor. Si alguien te roba una idea, es que es un idiota y no tendrá buen devenir. Ten el hábito de compartir tus ideas con gente inteligente, su feedback hará que las mejores. Esa es la magia de retro-alimentarse de personas de éxito; ellos te dan

Sé un emprendedor de éxito

buenos puntos de vista, porque saben de lo que hablan, tienen experiencia y conocen muy bien, todo el trabajo que conlleva. Cuando tengas clara tu idea, llévala a la acción. Si te la pasas haciendo estudios de mercado, te quedarás en eso toda tu vida y no es lo que deseamos. Queremos que seas proactivo.

¿Qué hago si soy joven y mis padres no quieren que lo haga? Si de verdad quieres emprender, no les cuentes a tus padres. Es lo que yo he hecho…

<u>Rompiendo las causas de tus creencias limitantes:</u>

Contamos con creencias limitantes, en varias áreas de nuestras vidas. Muchas se quedan en nosotros, por malas experiencias que hemos tenido. Pero primero que nada, debemos identificar su origen.

Fe: Tuviste una infancia donde te decían, que Dios nos quiere pobres; que a Él no le gusta el dinero y que debes dar todo lo que tienes, para no ir al infierno. Esto ha hecho, que tú no tengas libertad financiera; te creíste tanto esa mentira, que te ha llevado por un mal camino.

Familia: Has sufrido maltrato por parte de tu familia, te han limitado de hacer lo que quieres, tienes tanto miedo del que dirán, que decidiste entrar en la zona de confort y hacer algo que odias.

Finanzas: Crees que tener libertad financiera es imposible, siempre has sufrido con el dinero y no sabes que hacer. No tienes conocimientos, pero tampoco haces nada para adquirirlos,

Sé un emprendedor de éxito

porque te pones excusas para quedarte donde estás.

Política: Crees que el mejor sistema es el comunismo, pero no te das cuenta, que en el comunismo estarías muerto. Pierdes mucho tiempo preocupado, por lo que hacen los políticos, en vez de enfocarte en tu vida.

Amistad: Te han traicionado y piensas que todo el mundo es así. Te juntaste con malas personas, ahora te apartas de aquellas, que sí valen la pena conocer.

Negocios: Te han dicho que es imposible tener éxito, si creas tu propia empresa. Puede ser que lo intentaste, pero al cabo de un tiempo, todo salió mal. Ahora piensas que si lo intentas de nuevo, vas a fracasar; siendo esto lo que te limita, a crecer como empresario.

Relaciones: Te fueron infiel y ahora crees, que todos son así. Como resultado de seguir con esta creencia, las parejas que tienes, te siguen siendo infieles, porque eso es lo que atraes a tu vida.

Matrimonio: Quizá atravesaste por un divorcio, donde las cosas terminaron muy mal, tal vez viste como tus padres se divorciaban. Ahora tienes la creencia limitante, de que el amor no existe y que el matrimonio, es una basura.

Un ejemplo muy claro de creencias limitantes, es el siguiente caso, que suelo ver mucho. Hay personas que tienen un cuerpazo, muy atlético; pero en el dinero les va fatal. Por otro lado, hay personas que les va medianamente bien en los negocios, pero tienen una salud de pena. Esto es porque tienen creencias limitantes, que

crean un gran conflicto interno, que les impide tener un éxito integral.

Tus creencias limitantes son tu verdad, son la razón por la cual te saboteas a ti mismo. Si siempre te dices mentiras, te las vas a terminar creyendo. Lo triste es que tus creencias limitantes, son mentiras como el tamaño de una catedral, pero piensas que son verdad y por eso, no avanzas en el camino del éxito. Vas a seguir sin éxito, si no cambias de una vez por todas estas creencias.

Las clásicas afirmaciones limitantes:

- No puedo por…
- No soy lo suficientemente bueno.
- Yo no creo.
- Yo no necesito ayuda.
- No es mi culpa (no asumes responsabilidad y te haces la víctima).
- Y si…

Te voy a poner el reto, de que saques todas estas afirmaciones negativas de tu vida, tú eres mucho más que eso. Hasta ahora has hecho grandes avances; no tienes permitido seguir diciendo esta clase de tonterías. Tú ya no eres una persona que vive en el infierno, ahora eres una persona, que está viviendo una vida llena de éxitos. Vas a romper ese esquema mental, que has tenido durante mucho tiempo; para ahora adoptar el esquema, que te hará ser una persona con abundancia en la vida. Para entender en profundidad esto, muchas de nuestras creencias limitantes, vienen de nuestra generación familiar: Tenemos una gran tendencia, a seguir lo que nuestros padres hicieron:

Sé un emprendedor de éxito

- Guardar rencor.
- Dinero.
- Alcohol.
- Romper la ley.
- Sexo.
- Drogas.
- Racismo.
- Abusos (verbal y físico).

Todos estos vicios y creencias limitantes que tenemos, pueden venir programadas en nuestro ADN. Si tus padres eran alcohólicos cuando naciste, tienes cierta predisposición, a ser un yonki en el futuro. En el caso del dinero, también pasa lo mismo; romper la ley, el sexo, racismo, el abuso; todo viene de lo que vimos en nuestra niñez y adolescencia. Estuvimos captando información, de los hechos que vimos de nuestros padres, e inconscientemente, adoptamos los mismos comportamientos.

Pero tú debes ser quien rompa el esquema, si tus padres han hecho las cosas mal durante toda su vida, eso significa, que tú eres el elegido, para cambiar todo y ser la persona, que todos quieren ser. Si tus padres lo estropearon, no es excusa para que tú lo hagas. Debes tomarlo como una fuente de motivación, como la razón que te llevará, a ser la mejor versión de ti.

Nuestras creencias limitantes, también nos pueden llevar a tener vicios, que nos maten lentamente, sin nosotros darnos cuenta. Todos tenemos un vicio secreto, un vicio que si sale a la luz, puede destruir nuestra imagen por completo. Puede ser que tengas una adicción al azúcar, a las apuestas, al sexo, etc. Todo

vicio repercute en todo nuestro ser. El vicio afecta nuestra salud mental, lo que afecta nuestras emociones y hace que no tengamos buenas relaciones.

Si juntamos estas dos cosas, tendremos problemas en el dinero; no seremos capaces de dar lo mejor de nosotros en los negocios, ya sea porque no estamos en capacidad de hacerlo, o porque nos perdemos en los vicios, derrochando dinero. Sé consciente del vicio que tengas y sácalo de tu vida.

Consejos para romper con creencias limitantes:
- Sé honesto contigo.
- Tómate un tiempo para meditar, sin distracciones, estando a solas.
- Haz algo grande, para salir de la rutina, que te haga moverte de la zona de confort.

El origen de las creencias, es algo muy fascinante, pero en ocasiones, llega a ser complejo de entender. Nosotros captamos información del mundo exterior, mediante nuestros 5 sentidos; esta información la filtramos y la pasamos por el primer acceso, que es la primera impresión que tenemos de lo ocurrido. Esta impresión genera un mapa lingüístico, donde la información captada por nuestros 5 sentidos, cobra significado y genera una conducta en nosotros. Si ponemos atención, nos podemos dar cuenta, que todo esto es un proceso inconsciente. La conducta es resultado, del significado que le damos a la experticia.

Las creencias se generan en el mapa lingüístico. Somos nosotros, quienes le damos significado a las cosas. ¿Recuerdas en el primer libro, cuando te enseñé a cambiar el significado, de lo que te dicen

los monstruos del infierno? Así es como debes hacer, cuando tienes experiencias, que no son placenteras para ti. Nosotros debemos actualizar la imagen que tenemos del mundo, porque creas o no, las creencias influyen en nuestros sentidos; y por tanto en nuestra percepción. Todo esto es un círculo, que se va alimentando y que nosotros debemos cambiarlo, para que actúe a nuestro favor.

Nuestras excusas más frecuentes suelen ser:
- "X" es así porque…
- "Y" me pasa porque…
- "Z" significa que…

"Las creencias son la generalización, sobre cosas o eventos percibidos en el entorno, que conecta nuestro sistema de valores y criterios, con nuestra percepción de la realidad".

Tienes un evento - Generalizas - Piensas que siempre será así.

<u>Por ejemplo:</u> Intentaste crear un nuevo negocio, fracasaste; ahora te dices que si creas un negocio de nuevo, volverás a perderlo todo y piensas que siempre será así.
Ahora te pregunto: ¿Y los que tienen éxito con sus negocios? No puedes decirte, que siempre será así; porque si tú cambias, todo cambia. Si cambias tu forma de hacer negocios, cambiará y lograrás triunfar.

Debes encontrar el valor que apoya a la creencia. Las creencias existen, por el valor que hay detrás de ellas. La gente cree que el dinero es malo, pero puede ser que el valor que hay detrás de eso, sean problemas familiares, etc. Lo que debes hacer, es ser flexible

Sé un emprendedor de éxito

contigo mismo, e integrar nuevos valores, que te hagan ser mejor.

Creencia: Es peligroso mostrar mis sentimientos.
¿Por qué?
Presuposición inconsciente: Porque me pueden lastimar.
Intención positiva: Protección.
Reprogramación: ¿Cómo puedes mostrar tus sentimientos sin que te lastimen? Muéstrale tus sentimientos, a las personas que de verdad valen la pena y que aportan valor a tu vida.

No pelees con las creencias, reprográmalas.

Debes recordar, que todo lo tienes en tu interior. Dentro de ti, están todos los secretos, para poder tener prosperidad en tu vida. Debes saber donde estás, cual es tu situación, encontrarte en el mapa, para luego partir rumbo a la abundancia. El éxito en los negocios lo puedes lograr, no hace falta que te estreses, porque tú harás pequeños cambios, que te harán grande día a día.

"Un pequeño paso para el hombre, un gran salto para la humanidad". - **Neil Armstrong.**

Edmun Hillary, fue un alpinista muy famoso, por haber coronado el Everest. En varias ocasiones, intentó llegar a la cima, pero fracasó. Fue en 1953, cuando junto a Tenzing Norgay, alcanzó la cima del Everest. Pudo haberse rendido... Nadie había llegado tan lejos como él, pero se enfocó y lo logró. ¿Sabes por qué? Porque tenía determinación, asumió que no había un plan B, que se trataba de seguir adelante y hacerlo sí o sí.

Gleen Cunningham, fue un corredor estadounidense. En su

niñez, sufrió un accidente en su escuela, sus piernas sufrieron grandes quemaduras y los médicos le dijeron, que debían amputárselas. Los padres no lo aceptaron; Gleen tenía fe, de que algún día, volvería a caminar. Ahora habla la historia, Gleen estableció récords mundiales, en carreras de 800 metros y 1500 metros, en los años 1934 y 1936.

Dentro de ti, está toda la grandeza para ser rico.

Ahora te invito, a que hagamos un pequeño repaso, de lo aprendido en este capítulo:

- El dinero fácil no existe, pero puedes ganar mucho dinero, en un corto periodo de tiempo, si tienes la mentalidad adecuada y unos buenos conocimientos, que te acompañen a lo largo del camino.
- Cada día, los gustos de la gente cambian, la tecnología cambia, los mercados cambian, todo cambia. Si tú no te adaptas a esto y no entiendes, que para poder ser próspero necesitas cambiar, no llegarás a nada.
- Tomas acción ya, o perderás el tren.
- Cuando tú lo deseas con toda el alma, las cosas van más rápidas. Porque dejas de perder el tiempo y pasas a enfocarte, en lo que realmente es importante para ti.
- Si vas a empezar a emprender, debes tener claro, que tu negocio debe ser atractivo y relevante, tienes que asegurarte de tener ambas cosas.
- Cuando tenemos autodisciplina, nuestro miedo se bloquea y dejamos de quejarnos; ya que sabemos lo que debemos hacer y lo hacemos.
- Las ideas ya están todas en google, puedes tomarlas de allí y

hacerlas mejor. Si alguien te roba una idea, es porque es un idiota y no tendrá buen devenir. Ten el hábito de compartir tus ideas con gente inteligente; su feedback, hará que las mejores.

Ahora que ya sabes esto, te invito a que sigamos al próximo capítulo.

¿Me sigues?

Eres un imán para el dinero

Todos debemos sufrir en algún momento de nuestras vidas, para poder cambiar. El sufrimiento que has vivido, te ha permitido tener el suficiente impacto emocional, para ser libre financieramente. Con ese sufrimiento, ha sido posible que te des cuenta, que para ser rico, hay que pensar como piensan los ricos; los ricos piensan igual entre ellos. Los ganadores, piensan como ganadores. Pero quisiera, antes de adentrarnos en este tema, retarte a que conozcas más a fondo tu realidad.

"Si quieres cambiar los frutos, primero tendrás que cambiar las raíces. Si deseas cambiar lo visible, primero debes cambiar lo invisible". - **T. Harv. Eker.**

Vas a hacer un pequeño test, para que veas tu realidad; si conoces tu verdad, te darás cuenta que debes cambiar y dejarás las excusas. Te voy a realizar varias preguntas, cuyas respuestas vas a medir del 1 al 10. POR FAVOR, SÉ HONESTO CONTIGO, si quieres alcanzar la libertad financiera, debes decirte la verdad.

- ¿Estoy contento con mi estado financiero actual?.
- ¿Tengo un sistema efectivo para manejar mi dinero?.

- ¿Me merezco la abundancia que deseo?.
- ¿Las 5 personas más cercanas a mí, están alineadas con mis metas financieras?.
- ¿El dinero me causa problemas en mis relaciones?.
- ¿Los problemas con el dinero, son los que me causan más estrés?.
- ¿Las personas ricas trabajan muy duro?.
- ¿Tengo dificultades para guardar mi dinero, luego de ganarlo?.
- ¿Puedo obtener dinero, haciendo lo que amo?.
- ¿Tengo lo necesario para ser exitoso?.
- ¿Puedo fácilmente imaginarme a mí mismo, ganando más de un millón de dólares al año?.
- ¿Las personas no pueden ser ricas y seguir manteniendo ética y valores?.
- ¿Creo que puedo hacer mucho dinero y seguir manteniendo una vida balanceada?.

Déjame decirte que tú, eres un imán para el dinero. Repítetelo siempre, adopta esto como una afirmación. Tú puedes tener todo el dinero que quieras, solo debes cambiar tu relación con él. El dinero no es malo, eres tú quien no asimila, que el dinero es una herramienta, para poder dejar este mundo, mejor de como te lo encontraste.

El dinero no es algo de supervivencia, es una herramienta, que te permite hacer lo que quieres, tener un buen estilo de vida y sobre todo, te da la oportunidad de ayudar a más personas. Debes entender que el dinero, te permite ser libre. Tienes que creer, sentir y pensar diferente, con respecto a él. Debes enfocarte en hacer lo que amas, porque eso puede llevarte a la libertad

financiera.

Debes combinar los principios espirituales, con los principios de los negocios. Ambas cosas pueden ir juntas; las personas piensan que si eres espiritual, no puedes ser millonario… y están equivocados. Para ser millonario, hay que ser espiritual.

Vas a ser capaz, de tener todo el dinero que deseas. La realidad, es que puedes ser generoso, educado, espiritual, balanceado, amoroso y muy rico. La gran mayoría piensa, que los ricos son malas personas y por seguir creyendo esto, ellos siguen siendo pobres.

¿Recuerdas cuando te dije, que la pobreza es algo mental? Cambia tu mentalidad y así, tu realidad financiera cambiará. Necesitas ser rico y espiritual; no se trata de una cosa o la otra, son ambas juntas. Los millonarios son muy buenas personas, así que deja de pensar, que ellos son los responsables de tus males.

El 90% de las personas, piensan que los millonarios son malos, cuando eso es totalmente falso. Te lo digo por experiencia, mis mentores millonarios, son personas maravillosas, incluso mejores, que mucha gente pobre. Ya sea si eres bueno o malo, eso no tiene nada que ver con el dinero. Puedes ser muy buena persona, pero puedes tener escasez en el dinero, amor y salud. Lo que pasa, es que muchos piensan que los millonarios son malos, para ellos sentirse bien. Quieren seguir en su zona de confort, para no aceptar que ellos mismos, son los responsables de sus resultados. Esta es una excusa barata, que no tiene fundamentos. Si piensas esto, nunca serás rico; seguirás estresado, para llegar a final de mes y pagar tus facturas. Tú decides si tener libertad, o seguir siendo un esclavo.

¿Cómo quieres ser libre financieramente, si piensas que eso es malo? Bendice aquello que quieres… Y lo tendrás. Si ves a alguien que tiene una casa muy bonita, bendícelo y bendice su casa. Cuando eres capaz de bendecir la riqueza de los demás, es cuando llega la riqueza a tu vida.

"Todo lo que reniegas, nunca lo tendrás".

Dinero y espiritualidad: El dinero no es el diablo. El dinero tampoco lo es todo. Nos permite crear negocios, viajar, poder invertir en nosotros mismos, ayudar a más personas, etc. Necesitamos dinero en nuestras vidas, para poder crecer. Esa idea de que solo con amor puedes con todo, es mentira. Sencillo, ve al banco con amor, a ver que te dicen… Te mandarán de regreso por la puerta. No es dinero o amor, son ambas cosas. Queremos separar esto, cuando en realidad todo va junto.

Si no te crees capaz de ganar dinero, entonces debes subir tu valor, debes aportar más valor al mundo. Esto es algo que veremos más adelante.

Las mejores oportunidades, vienen cuando tienes tu propio negocio. En ese momento, eres el dueño de tu vida, tiempo y decisiones. No dependes de un jefe, que te diga lo que debes hacer; como tampoco tienes que quejarte, de tener un bajo margen en tus ingresos, porque los límites en los negocios, no existen. Los límites te los pones tú en la mente. Si crees que puedes, estás en lo cierto. Si crees que no puedes, también estás en lo cierto. Tienes el mando de tus negocios; y eres tú quien seguirá las reglas de riqueza, que te daré a continuación.

Regla de riqueza #1: <u>No hay límites en tus ingresos.</u> En un trabajo, estás por un tiempo definido y con unos ingresos limitados. No vas a ver a un millonario de la revista Forbes, estando como el número 1, gracias a un trabajo. Un empleo y un millonario, son dos cosas que no generan conexión. Hay formas para hacer negocios que funcionan; y existen formas para hacer negocios, que no funcionan.

<u>AFIRMACIÓN: "YO SOY DUEÑO DE MI NEGOCIO Y YO ESCOJO SER RICO".</u>

Regla de riqueza #2: <u>Foco.</u> Enfócate en un solo negocio. Requiere mucha energía, hacer que algo vaya bien, sobre todo en los negocios y más al comienzo. Se sabe muy bien, que la gente rica diversifica; esa es su clave, para tener más fuentes de ingreso; pero esto lo hacen cuando ya son ricos. Tú te haces millonario, estando enfocado. Se dice ahora, en el mundo del emprendimiento, que debes diversificar, esto lo escucho todos los días.

Pero el fallo está, en que es una estupidez querer diversificar, cuando ninguna fuente está funcionando. Siempre escucho gente, queriendo dar consejos sobre esto; incluso te ven raro, si no haces lo que ellos dicen. Los grandes millonarios, se hacen millonarios con UNA COSA EN ESPECÍFICO. Una vez esa cosa no necesite de su presencia, se diversifican. Primero explota algo; llegado el momento, en que ya esté generando dinero en automático, busca invertir en más cosas.

Algo que he aprendido de T. Harv. Eker, es que lo suyo, es tener varias fuentes de ingreso pasivo; es decir, donde tú no debes estar pendiente todo el tiempo. Necesitas tener fuentes de ingreso, que

siempre te estén dando beneficios. Por ejemplo, puedes tener una marca de ropa, pero luego diversificar en alquileres de pisos o en acciones de empresas.

Como te comenté en el primer libro de esta saga, el foco es poder. Y el poder, es la habilidad de hacer; y por lo tanto, de triunfar.

AFIRMACIÓN: YO ME ENFOCO, YO CENTRO MI ENERGÍA.

Te pongo el caso de Ryan Hreljac, un joven canadiense que decidió cambiar el mundo, desde los 6 años. A su corta edad, decidió recaudar dinero, para construir pozos de agua en África. Su profesora en el colegio, le dijo que en África, los niños no podían ir a la escuela, porque no tenían agua. Ryan, decidió recolectar 70 dólares, para mandarlos a una ONG, dedicada a construir pozos de agua; pero cuando llegó a la ONG, le informaron que el pozo valía 2.000 dólares; siendo un problema, ya que su madre no contaba con ese dinero.

Ryan, comenzó a ir puerta por puerta, para recaudar los 2.000 dólares, que iba a enviar a África. Siguió enfocado en hacer esta tarea; ahora ya ha logrado que su fundación construyera más de 878 pozos, que benefician a más de un millón de personas. Cuando tienes enfoque, eres capaz de lograr lo que te propones.

Regla de riqueza #3: <u>Haz lo que amas.</u> Cuando te enfocas en lo que amas, al menos tienes interés en ello, incluso probablemente, hasta tengas talento en esa área. Empezando, porque vas a disfrutar más la vida y vas a tener mucho más éxito. Estarás más entusiasmado, nada te detendrá. Cuando estás entusiasmado, estás cargado de energía, que le vas a transmitir a los demás.

Sé un emprendedor de éxito

La gente va a ver, que eres increíble y vas a vender más. Porque para poder ganar dinero, hay que saber vender y el entusiasmo, te ayudará mucho. ¿Cuáles son tus hobbies?. ¿Cuáles son tus intereses?. El trabajo y el gozo, van juntos.

<u>AFIRMACIÓN: "YO ME HAGO MILLONARIO, HACIENDO LO QUE AMO".</u>

Tú eres la raíz de todo tu éxito. Estás aplicando estos principios, para llegar tan lejos como quieres, en el campo de los negocios. La gente piensa, que solo con una buena autoestima, vas a poder hacerte millonario. Para ser millonario, se necesitan más habilidades; debes desarrollar inteligencia financiera. Esto no es difícil, lo veremos más adelante. Pero por ahora, quiero que sepas, que el autoestima no es patrimonio. El dinero llega a tu vida, porque mezclas un conjunto de cosas, que hacen que disfrutes del proceso, haciendo lo que amas.

El gozo es tu naturaleza, debes tenerlo presente, mientras haces negocios. Pensamos que los negocios son una tortura, pero no es así. Hay momentos difíciles, donde lo pasas mal, pero cuando llegas a la meta, te das cuenta que ha valido la pena.

Saber manejar el dinero, es algo clave que debes hacer. Esto lo discutiremos más adelante, pero desde ahora quiero que entiendas, que una persona que sabe manejar bien su dinero, se hace rica. No importa si tienes poco dinero, o si no tienes. Un buen manejo del dinero, te llevará a la libertad financiera.

Hay quienes piensan, que ser pobre significa, ser una persona noble. Déjame decirte, que no hay nada de noble en ser pobre,

o esclavo del dinero. La libertad financiera, te da el tiempo para ser, quien quieras ser; en vez de ser, quien debas ser. Te da la oportunidad, de estar con tus seres queridos. ¿Quieres darle una buena vida a tu familia?, pues lucha por la libertad financiera.

"Si no estás haciendo las cosas bien, como te gustaría hacerlas; significa que hay algo, que no conoces todavía".

AFIRMACIÓN: YO CREO EN MI ÉXITO FINANCIERO. YO TENGO MENTALIDAD DE MILLONARIO.

La gente rica, juega al juego del dinero; mientras que la gente pobre, juega a no perder. Los pobres juegan en posición de defensa, no de atacantes. Ellos no crean las oportunidades, para poder ganar el partido; se quedan atrás, esperando a que el rival se equivoque. En el juego del dinero, si juegas de defensa, no ganas. Debes atacar y generar ocasiones de gol. La comodidad, no conduce a la riqueza; enfocarse solo en los problemas, no te llevará a la prosperidad. Los ricos son ricos, porque se dedican a solucionar problemas y cobran por ello. ¿Sabes por qué?. Porque para ganar dinero, hay que aportar valor. Si quieres ganar más dinero, asegúrate de aportar más valor.

APORTAR MÁS VALOR = MÁS DINERO.

"Aquello con lo que te conformes, es lo que tendrás".
La gran mayoría, odia a las personas que son ricas y que tienen éxito. Tú debes ser amable, cariñoso, generoso y rico. La gente abundante y con éxito, admira a gente de éxito. Tú debes admirar a los grandes y bendecir su riqueza.

El valor, es lo que determina tus ingresos. Vas a ser pagado, en proporción directa, al valor que tú aportas al mercado. La razón por la cual, la gran mayoría de las personas están en la quiebra, es porque no aportan mucho valor, a los ojos del mercado. Hay que DAR valor. Das valor y en medida de ese valor, recibirás dinero. Muchas personas tienen buenas ideas e intenciones; algunos incluso, tienen buenos productos y servicios, pero el problema, es que no son considerados lo suficientemente valiosos, o no están dando suficiente valor al mercado. Si no das mucho valor, no vas a ganar mucho dinero.

Hay 4 factores que determinan, el dinero que vas a ganar:

DEMANDA + SUMINISTRO + CALIDAD + CANTIDAD = DINERO

La demanda para tu "valor", significa que tanto el mercado lo quiere/necesita. Para poder construir riqueza, en un periodo de tiempo de aproximadamente 5 años, necesitas ofrecer un producto o servicio, que tenga una demanda alta.

El suministro de tu "valor", refleja que tanto tiene el mercado, de tu producto o servicio, y que tan fácil es acceder. Cuando tienes un producto o servicio exclusivo, eres capaz de ganar más dinero. Por eso los doctores ganan más dinero, que alguien que trabaja de camarero. Un doctor que hace cirugías en el cerebro, gana más en un día, que un camarero en un año. Eso es porque ese doctor/ doctora, tiene una habilidad muy específica y necesaria. Muchos pueden llevarte la comida a la mesa, pero pocos pueden hacerte, una cirugía en el cerebro.

<u>Cuando el suministro es limitado, el valor incrementa.</u> En los bienes raíces ocurre eso. Una casa frente al mar, con piscina infinita, es rara de conseguir y además, es muy limitada; por lo tanto, su valor es más alto, que una casa sin dichas características. Para incrementar el valor en tu negocio, debes dar algo que otros no tienen, o hacer alguna cosa de manera distinta.

La calidad de tu "valor", significa qué tan bueno es tu producto o servicio, y qué tan bueno eres haciendo negocios. Es fácil de entender y para eso, te pongo el siguiente ejemplo: un Ferrari vale más que un Fiat, por su calidad, cantidad y exclusividad. Entre más alta sea la calidad, en relación al precio; más alto será el valor. Si vas a hacer algo, más vale que esté bien hecho y que sea grandioso; si no es así, no valdrá la pena.

Un negocio que brinda servicios o productos, de calidad muy baja, no recibirá buenos ingresos. Por eso es importante que seas el mejor, para ser también el mejor pagado. Para seguir manteniendo estos estándares de calidad, debes seguir aprendiendo, debes estudiar negocios y todo lo relacionado al área de tu negocio, es decir, tu nicho.

La cantidad de tu "valor", es qué tanto das de ese producto o servicio. Esto es algo, que suele ser un desafío, para muchas personas. Puede ser que tengas un gran producto o servicio, quizás hasta ya lo estés ofreciendo al mercado, pero no en la suficiente cantidad, para crear riqueza y sobre todo, cuando buscas ganar buenas cantidades de dinero, en un plazo de 5 años. Si quieres que te paguen, debes entregar tu valor a las personas. Si quieres hacerte millonario, debes entregar mucho valor, a

muchas personas.

Cuando tienes un producto, te ves obligado a mejorar tu habilidad, para darlo en grandes cantidades. Cuando tienes un producto para vender, no existen límites respecto a lo que puedes producir y dar; por lo tanto, no hay límites en tus ingresos. Cuando estás en un empleo de servicios, siendo tú quién lo ofrece, por ejemplo, dar masajes en un spa, hay un límite en tus ingresos. Los mismos límites que tienes, si eres un consultor, asistente o profesional, que trabaja para otro.
Cuando trabajas en base a un salario, tienes un techo muy complicado de romper. Si tienes un negocio de servicios personales, hay tres formas para romper el límite de tus ingresos.

<u>El primero, es ofrecer un producto.</u> Es mejor si es un producto adicional, que se alinea a tu negocio actual, beneficiando a tus clientes actuales. Puedes crear tu propio producto, o incluso ofrecer el producto de otra persona que respaldas. Por ejemplo, un masajista puede ofrecer productos, que beneficien la salud y el bienestar del cuerpo, como suplementos nutricionales, aceites corporales, cremas hidratantes o productos relacionados al yoga.

<u>Una segunda forma es duplicarte.</u> La idea aquí, es que capacites o contrates a otros, para que hagan el trabajo para ti. En lugar de ser un consultor único, eres propietario de una empresa de consultas, con cinco, diez o sesenta consultores, trabajando para ti. Esta es una forma de entregar más valor al mercado, lo que hace que tengas más ingresos.

Si ninguna de las opciones son viables para ti, probablemente lo que necesitas, es una segunda fuente de ingresos; preferiblemente,

una que tenga el potencial de crear riqueza. Hoy en día, hay muchas oportunidades para ser distribuidor, donde puedes hacerlo por tiempo parcial y luego a tiempo completo, cuando tengas buenos ingresos. Puedes vender productos por comisión, o hacer marketing de referidos, por redes sociales.

¿Quieres ser millonario? Si de verdad quieres ser millonario, debes ser más grande, que los problemas que se te presentan. En los negocios, vamos a tener muchos problemas de todo tipo, que ni siquiera te puedes imaginar, pero el tamaño de estos, va a depender de nosotros. No importa el problema, lo que importa eres tú. Eres quien lo pone difícil o fácil. Crece y lo superarás. Si eres pequeño, no habrá espacio para el dinero. Eres como un recipiente, cuando tienes un recipiente pequeño, tienes poco dinero. El dinero estará a tu nivel. Tú decides si tener excusas o resultados.

Vivimos en un mundo de dualidades. La mayoría no tienen éxito, viven en el nivel superficial de la vida, en lo visible. Lo invisible, crea lo visible. Vivimos en un mundo mental, emocional, espiritual y físico. Los resultados que aparecen en el mundo físico, son producto de las otras áreas. El dinero es un resultado… causa y efecto. La falta de dinero, no es un problema; es un síntoma de que algo va mal.

Debes entender que todo es energía, el pensamiento conduce todo lo demás. Nosotros, tenemos un patrón del dinero, instalado en nuestro subconsciente; si el patrón no está programado para el éxito, nunca se alcanzará. Pero podemos cambiar ese patrón. Este se basa en la información del pasado y acontecimientos específicos, que fuiste moldeando, de acuerdo a como lo hacían

otros.

Te fueron diciendo cosas acerca del dinero, por eso es que tienes ciertas actitudes, respecto a él. Hay que cambiar esa programación, fijándose en los resultados de personas con éxito, para ver su patrón con el dinero. Modelar a otras personas, te ayudará muchísimo… Pero solo si modelas a los ricos, de nada te servirá modelar a los pobres. La gente rica crea su vida, piensa que la vida es maravillosa y que están aquí para brillar. En cambio, los pobres actúan como víctimas, culpan a los demás, justifican todo y se quejan.

Reto: Durante 7 días, NADA DE QUEJAS. Esto te ayudará, a sacar la porquería de tu vida; no existen víctimas ricas.

AFIRMACIÓN: PUEDO SOLUCIONAR CUALQUIER PROBLEMA.

Los pensamientos, llevan a sentimientos; estos sentimientos, llevan a acciones; y estas acciones, llevan a resultados.

$$P + S + A = R$$

Debes cuidar todo esto, si quieres dinero. Debes pasar de lo invisible, a lo visible. Los ricos actúan a pesar de sus temores, no es necesario deshacerse del temor, solo debes hacer que no te detenga. Debes practicar el actuar. Significa hacerlo en el momento indicado, ya que los pobres actúan demasiado tarde; quieren entrar en un mercado, cuando ya se encuentra saturado. En cambio, los millonarios son visionarios, ven las oportunidades y saben que hay tierra fértil, para sacar buenos frutos.

Sé un emprendedor de éxito

Durante la crisis que hubo en Estados Unidos, en el año 2008, muchos ciudadanos quedaron en la quiebra. Los bancos, no podían cubrir la deuda de créditos, que tenían sus clientes. Pero los ricos, supieron aprovechar la oportunidad. Ser rico, no es solo tener mucho dinero, también es tener la mentalidad adecuada, para triunfar en los negocios.

¿Qué hicieron ellos? Aprovecharon el bajo precio de los inmuebles y decidieron comprar propiedades. Años después, la economía estadounidense ganó más poder; y todos los que compraron inmuebles durante la crisis, con visión a largo plazo, se vieron beneficiados, ya que los precios fueron al alza. Ellos vendieron y sacaron sus beneficios.

Aquellos que entran al mercado, en el momento adecuado, son los que triunfan. Mientras aquellos que miran lo que otros hacen y siguen haciendo caso, de la voz interna limitante que tienen, son quienes pierden las oportunidades y nunca alcanzan la libertad financiera. El emprendedor por naturaleza, es una persona muy loca, llega a ser temperamental, pelea con todo el mundo y si tiene que irse al fin del mundo, para poder desarrollar su negocio, sin que otros le molesten, lo hace.

La persona promedio, se queda en el lugar de siempre, esperando a que un milagro caiga del cielo. Las personas ricas, están siempre atentas a lo que pasa en el mundo. Ven los diferentes puntos de vista, analizan, pero no se quedan en parálisis; toman acción, incluso sabiendo que las cosas pueden salir mal. Los ricos se diferencian de los pobres, en que los pobres no se tiran al agua por miedo. Saben que las cosas pueden salir mal, por tanto, no toman el mando de su vida. Los ricos, saben que las cosas pueden salir mal, pero por eso las hacen; les gusta vivir en cierto estado de incertidumbre, saben muy bien, que si se quedan dormidos, se les escapará el tren. El tiempo lo es todo…

Saber usar el tiempo, es tener la destreza de combinar tu producto o servicio, con los deseos y necesidades actuales del mercado. Eligiendo el producto o servicio correcto, en el lugar preciso y en el momento adecuado. No todos los productos, pueden explotar en cualquier momento. Hay negocios, que te durarán como mucho 10 años; luego vas a tener que cambiar y hacer que tu nuevo negocio, supere al anterior. Hay servicios, que pueden ofrecerse al mercado toda la vida; pero si no les realizas mejoras continuas, la gente se cansará y no comprarán más tu servicio, ya que moriste al no innovar.

El tiempo, es una herramienta que no podemos subestimar; si la usas bien, tienes el 50% del trabajo hecho. Los negocios y oportunidades, son como los coches; eres un Ferrari o eres un pedazo de chatarra. ¿Quieres que tu negocio sea un Ferrari o una chatarra? Si no tienes un producto o servicio de moda, que la gente vaya a consumir y que además, mejore sus vidas, debes hacer lo posible, por encontrar uno. Así aprovecharás la oportunidad, para mejorar tus finanzas de manera más rápida.

No quiero que pienses, que debes volverte loco y cambiar de negocio, cada 5 minutos. Pero si tu producto o servicio, ahora mismo estuviera en una carrera de F1, ¿la gente lo vería como un favorito a ganar el campeonato, o como uno más del montón? Como te dije anteriormente: _Asegúrate de que tu negocio, es atractivo y relevante para el público._
"_¡Elegir el vehículo correcto, en el momento correcto, es una_

habilidad rara y altamente rentable, que se puede aprender!" - **T. Harv. Eker.**

Lamentablemente, la gran mayoría se quieren subir al barco, cuando es tarde y ya los ricos, han sacado todos sus beneficios. También es un error, querer entrar demasiado pronto a un mercado. Cuando entras muy temprano, te arriesgas a que el mercado no esté preparado, no hay personas que valoren lo que ofreces.

Si incluso así, estás decidido a sacar adelante tu negocio, hazlo con fe y determinación; procura que sea atractivo y relevante. ¿Vas a morir? No… Si la cosa va mal, habrás aprendido algo nuevo.
Estás en la necesidad, de aprender a medir y cronometrar el mercado. Tienes que saber el momento de entrar y salir, esto aplica para todo. En la bolsa, los traders deben saber, cuando entrar y salir de una operación, para así minimizar las pérdidas y maximizar los beneficios. En el amor pasa lo mismo; hay relaciones que no te ayudan y debes salir de ellas, porque te destruirás, matando todo tu futuro y prosperidad. El momento perfecto, es cuando la demanda es alta y el suministro es bajo.

De seguro habrá un chico/chica espectacular, que busca el amor de su vida, pero ninguno de sus pretendientes es un ganador/ganadora. Es ahí, cuando entras tú, mostrando lo ganador/ganadora que eres. En los negocios es igual; cuando la demanda es alta y el suministro bajo, es el momento perfecto para sacar un producto o servicio, que aporte mucho y que tenga muy buena calidad… Que sea mejor, de lo que la gente estaba buscando. Luego la oferta supera la demanda, los precios bajan y es cuando

debes salir del mercado; ese es el momento, donde debes bajarte del barco y emprender una nueva aventura.

"Lo más importante que debes hacer, si te encuentras en un agujero, es dejar de cavar". - **Warren Buffett.**

La aplicación de mensajería móvil WhatsApp, tuvo éxito, porque entró en el momento indicado. Lanzaron su aplicación en el año 2009; en el año 2014, Facebook decide comprar WhatsApp, por 19 mil millones de dólares. Otras aplicaciones salieron al mercado, para hacerle competencia a WhatsApp, pero ya era demasiado tarde. La única que ha podido hacerle buena competencia, es Telegram; esta última, tiene características que WhatsApp no tiene. Según datos del 2017, WhatsApp tenía:

- 1.3 mil millones, de usuarios activos al mes.
- 55 mil millones, de mensajes enviados al día.
- 4.5 mil millones, de fotos compartidas al día.
- Más de mil millones, de videos compartidos al día.
- 57 ingenieros, como plantilla total de la empresa.

Hoy, las oportunidades para ganar dinero son muchas. Es solo saber encontrar, la que se acomode a nosotros y que nos sintamos con la energía, para poner todo nuestro tiempo y esfuerzo en ello. Ciertas oportunidades, son para hacerlas por un determinado tiempo y luego ir a otras. Lo importante, es que cuando estemos desarrollando un negocio, solo debemos enfocarnos en ese negocio. Recuerda que el foco es poder, enfócate en una fuente de ingresos, hazte rico con ella y luego diversifica.

Una de las mejores formas, para tener buenos resultados, es

modelar lo que otro está haciendo. Vas a copiar el modelo de alguien de éxito y lo harás a tu manera. Te asegurarás de darle valor añadido. Debes usar a tu favor, el tiempo de retraso; por ejemplo, ahora mismo un producto o servicio, puede estar revolucionando otro país, a lo que tú te encargarás, de implementar ese negocio en tu país. Por ejemplo, algunas modalidades de inversión en bienes raíces, se han hecho muy conocidas en los Estados Unidos, gracias a internet. Ahora hay gente en otros países, que hacen ese tipo de inversiones.

Han aprovechado la oportunidad, para explotar el mercado. Puede ser, que en alguna ciudad de tu país, hay un producto que esté siendo muy demandado, pero en tu ciudad, falta alguien que lo ofrezca; puedes copiar su modelo, e implementarlo en tu ciudad.

Hay una estrategia, que se llama "piggyback". Consiste en afiliarte con otra persona, que ya tiene resultados. Esto se implementa sobre todo, en negocios de exportaciones; usas la red de contactos de la compañía, para vender sus productos, a cambio de una comisión. Muchas veces, es mejor afiliarse a alguien o copiar el modelo de otro, en vez de reinventar la rueda; consideración más que importante, cuando estás empezando.

Por ejemplo, en la redes sociales, a veces es más fácil crecer, modelando el contenido de otros; la forma en como suben las fotos, videos y stories. Ya luego, cuando tienes un público fiel, puedes hacer las cosas, con un toque más único, algo más a tu manera. Si estás empezando, en ocasiones es un error, querer hacer todo desde cero; es mucho mejor, replicar el éxito de otros. Cuando ya estés consolidado, PROCURA SER ÚNICO; que la

gente te recuerde, porque eres diferente y no uno más.

El dropshipping, se ha hecho muy famoso por eso; ya que no necesitas stock. Vendes el producto que otro tiene, y tú haces que sea único. Das una atención personalizada al cliente. Cuando ves que tu tienda, es aceptada por el público, comienzas a crear tus propios productos.

<u>Para ser un imán para el dinero, tienes que pensar en grande:</u>

¿Cómo Cristóbal Colón llegó a América? Pensó en grande, decidió montarse a un barco de madera, con la decisión de encontrar nuevas tierras. El hombre llegó a la luna, pensando en grande. Las pirámides de Egipto, datan de hace miles de años, cuando no existía tecnología, ni habían grúas; pero a pesar de todo, fueron construidas. Todo eso empezó, pareciendo imposible; pero una vez hecha la acción, todo parece mucho más fácil.

Para ser un gran emprendedor, debes pensar en grande; tener fe en que tu negocio, va a llegar muy lejos. Los grandes de la historia, iniciaron desde cero. No sabían qué hacer, no sabían a dónde iban a llegar, pero en el camino, fueron solucionando todos los problemas. Si piensas en pequeño, siempre serás pequeño, te conformarás con todo; y cuando tengas tu pequeño primer gran éxito, no querrás avanzar más. Si piensas en grande, serás grande. Irás a por todo, e intentarás dejar una huella en este mundo. No importa el tamaño físico, lo que importa, es el tamaño de tu corazón.

La gente por lo general, dice que para pensar en grande, debes leer buenos libros, ir a buenas asociaciones y rodearte de un buen

ambiente. Por ejemplo, cuando yo me rodeo de buena gente, mi mente se abre y veo cosas, que antes no veía. Lo mismo me pasa, al leer un buen libro, aprendo cosas nuevas y soy capaz de ver, lo que otros no ven. Pero además de esto, hay otras cosas que podemos usar, para pensar en grande.

El dinero, es un juego de números: ¿Qué viene después del número 10?. El 11. ¿Qué puedo hacer para ganar 12 dólares?. Si puedes ganar 1000 dólares, puedes ganar 2000; si puedes ganar 2000 dólares, puedes buscar la manera de ganar 3000 dólares. Si estás ganando un millón, debes apuntar a los dos millones. El crecimiento de tus ingresos, nunca debe tener un límite; cuando dejas de usar las matemáticas, encuentras el límite. Recuerda que los números son infinitos, que siempre se les puede agregar, un número más al final.

Antes, convertirse en multimillonario, parecía algo inalcanzable; pero ahora, los multimillonarios deben apuntar, a ser trillonarios. Esos números, parecen muy grandes para ti, pero son solo números; no hay nada que temer, solo son matemáticas. Los que piensan en pequeño, solo buscan sumar y los que piensan en grande, buscan multiplicar. El pequeño que gana 1000 euros, busca ganar 1500 euros. El grande que gana 1000 euros, busca multiplicarlo por 10. Tú debes multiplicar tus ingresos.

La confianza se consigue paso a paso: Independientemente de la idea que tengas, necesitas confianza; esta proviene de pequeñas victorias, que vas alcanzando. Si puedes lograr pequeños triunfos en un negocio, comienzas a creer en ti, apuntando a obtener victorias más grandes. Esto no es algo que sucede, por arte de magia. Un gran triunfo, es una mezcla de pequeñas victorias, que

fuiste logrando. Debes ir sembrando poco a poco, para ir viendo los frutos de tu cosecha.

Prueba tu idea con gente de tu entorno: Nos da miedo, contar nuestra idea a alguien, pensamos que la van a robar. Como te dije anteriormente, quien te roba una idea, es un idiota. Ideas hay muchas y están todas en Google. Una cosa es tener una idea, pero otra muy distinta, llevarla a la acción. Supongamos, que tienes una idea de crecimiento en tu negocio, vas a hacer algo nuevo; puedes probar contándoselo a 5 personas, evaluar si eres capaz de convencerlas, aunque sea un poco. Si eres capaz, de persuadir a la gente, con que eres un potencial comprador o vendedor, es un buen síntoma. Por ejemplo, quizá no tengas el dinero, para comprar un Ferrari; pero puedes hacer la prueba, de ir a un concesionario y ver si los que trabajan allí, te ven como un potencial comprador. Si logras que tengan esa imagen de ti, es que algo estás haciendo bien. Los negocios, también son un juego de persuadir a los demás.

Estudia a las personas: Para tener éxito en los negocios, debes estudiar a los mejores, debes replicar lo que ellos han hecho. Pero no solo se trata de estudiarlos a ellos, sino también, a quienes ellos estudiaron. Por ejemplo, puedes estudiar a Tony Robbins, pero también, de quien aprendió Tony Robbins, en este caso, Jim Rohn. Debes ir a por más, debes encontrar las respuestas. Esa persona de éxito que admiras, algún día fue como tú y tuvo que aprender de otros, eso es lo mismo que tú estás haciendo.

Saber resolver problemas: La tarea de los emprendedores, es resolver problemas. Tu producto o servicio, debe solucionar un problema para el cliente. La motivación principal de muchos emprendedores, es ganar mucho dinero y llenarse de lujos; no hay

nada de malo en eso, pero debes pensar más grande. Debemos entender, que el mundo necesita de nuestras capacidades, podemos resolver problemas de salud, económicos y educativos. Necesitas que tu negocio haga dinero y que tenga, un impacto positivo en el mundo.

Imaginación: Los que piensan en grande, tienen buena imaginación. Sin imaginación, no hubiésemos logrado viajar en avión, usar internet, comunicarnos con personas al otro lado del mundo, de manera inmediata. La imaginación, te hace encontrar soluciones únicas. Los emprendedores, imaginan y hacen sus fantasías realidad.

Apaga el ruido: No te ayuda, estar demasiado tiempo en las redes sociales, o viendo las noticias. A los grandes ganadores no les importa, si se desprendió un árbol en algún pueblo. Claro que están al día, con lo que pasa en el mundo, pero no andan en teorías de conspiración o haciendo uso de sus redes, para quejarse sobre algún problema ambiental en el mundo. Mira a Elon Musk, el ha tomado acción y fabrica coches eléctricos.

Debes apagar el ruido de las personas negativas, de aquellos que no te quieran ver crecer. Es más, ni les hables sobre tus objetivos, ignóralos. Quita las distracciones y la negatividad de tu vida.

Prueba que tan capaz es tu idea: Debes probar si tu idea es viable. Te reto, a que tomes papel y bolígrafo. Pregúntate: ¿Qué tan grande puede ser el mercado?, ¿Qué tan grande es el mercado en Sao Paulo?, ¿Qué pasaría si vendo en ese mercado?.

Sean Parker, llevó a Facebook al siguiente nivel, la convirtió

en una empresa multimillonaria. No solo se enfocaron, en ser una red para Harvard, ellos intentaron ir a otras universidades. Fueron midiendo poco a poco, hasta llegar a ser, la red social más grande del mundo.

Sé una persona curiosa: La curiosidad, hace que hagas preguntas y conozcas más. Si quieres ser emprendedor, debes ser curioso; si no eres curioso, no aprenderás y si no aprendes, no triunfarás.

<u>Pregúntate</u>: ¿Por qué no yo?, ¿Puedo hacer esto mejor? Reflexiona contigo, verás que puedes hacer más cosas, de las que piensas.

Saca la basura: ¿Jugar videojuegos todo el día, te da dinero? Si no es así, saca esa basura de tu vida. Hay pasatiempos, que nos ocupan mucho y que no nos dan valor; no nos hacen mejores emprendedores. ¿De qué te sirve tener amantes, pasártela en fiestas y vivir la vida loca? Los malos hábitos y vicios, te limitan. Así que mejor, corta el cable y dedícate a lo tuyo.
Estas tonterías, te impiden pensar en grande, no te ayudan a ser millonario. ¿Qué es lo que necesitas dejar de hacer?, ¿Qué tontería te está frenando? La satisfacción que tendrás, al sacar esa basura, será muy grande.

Únete con los que creen, que todo es posible: ¿Te ha pasado, que te has encontrado a personas, que no creen en tu idea?, ¿Te has encontrado a gente, que no cree, que tal o cual cosa, es posible? Necesitas, estar cerca de las personas creyentes en hacer, lo que parece imposible. Parte del éxito en los negocios, es vivir en un ambiente, donde se respire la fe, de gente que crea en ti y en tu idea. Personas que vayan a muerte contigo, que si se tienen que tirar de un puente contigo, lo hacen. Únete con personas, que

Sé un emprendedor de éxito

creen en las cosas buenas que puedan suceder y que confían, en que puedes lograrlo.

Mira a dónde otros no miran: Eso de ir detrás de las masas, no trae beneficios. Si vas a un club nocturno, todos los chicos, miran a la chica más atractiva. Si hay 500 hombres en el club, tu porcentaje es de 0,2 %, de poder estar con la chica. Pero si te fijas en otra chica, que también es atractiva, pero no tanto como esa, tendrás más oportunidades de estar con ella. Lo mismo pasa en los negocios, ve a lugares donde nadie está mirando, estos son más interesantes. No siempre lo que luce más sexy, es la mejor opción. Si la gente ve a la derecha, tú mira a la izquierda. De esta forma, no perderás tu tiempo, en mercados saturados.

Nada de soluciones convencionales: Si pretendes hacer las cosas, que los demás están haciendo, estarías cavando tu propia tumba. Un emprendedor da soluciones, pero además de eso, debe innovar. No puedes pensar, en la forma convencional de solucionar problemas. Puedes resolver situaciones, de distintas maneras; unas formas que a otros, no se les había ocurrido o que simplemente, no habían hecho. Si haces las cosas diferentes, tienes más probabilidades de destacar.

Une todos estos puntos. Ve poniéndote metas, sobre las cosas que vas a mejorar. Prioriza, no te distraigas, en querer hacer todo a la vez. Si por ahora, solo te vas a enfocar en algo, hazlo bien. Une estas cosas a números, multiplica tu crecimiento, no te quedes estancado. Si puedes llegar a 100 clientes, puedes llegar a 200. Si puedes ganar 100.000 euros, puedes ganar 200.000 euros. Los límites, no te los pone nadie, solo tú.

Sé un emprendedor de éxito

Ahora que has aprendido todo esto, quiero que hagamos un repaso, de algunos puntos importantes; para que así, no los olvides y podamos continuar, en este camino rumbo a la libertad financiera:

- Todos debemos sufrir en algún momento de nuestras vidas, para poder cambiar.
- Déjame decirte, que tú eres un imán para el dinero. Repítelo siempre, adopta esto como una afirmación.
- La gran mayoría piensa, que los ricos son malas personas; y por seguir creyendo esto, ellos siguen siendo pobres.
- Cambia tu mentalidad, así tu realidad financiera cambiará.
- ¿Cómo quieres ser libre financieramente, si piensas que eso es malo? Bendice aquello que quieres… y lo tendrás.
- "Todo lo que reniegas, nunca lo tendrás".
- Cuando tienes tu propio negocio, eres el dueño de tu vida, tiempo y decisiones.
- Los grandes millonarios, se hacen millonarios, con UNA COSA EN ESPECÍFICO. Una vez esa cosa, no necesite de su presencia, se diversifican.
- En el juego del dinero, si juegas de defensa, no ganas; debes atacar y generar ocasiones de gol. La comodidad, no conduce a la riqueza. Enfocarse solo en los problemas, no te llevará a la prosperidad.
- La razón por la cual, la gran mayoría de las personas están en la quiebra, es porque no aportan mucho valor, a los ojos del mercado.
- **DEMANDA + SUMINISTRO + CALIDAD + CANTIDAD = DINERO**
- Los ricos, saben que las cosas pueden salir mal, pero por eso las hacen, porque les gusta vivir, en cierto estado de

Sé un emprendedor de éxito

incertidumbre; saben muy bien, que si se quedan dormidos, se les escapará el tren.

- Los grandes de la historia, iniciaron desde cero. No sabían qué hacer, ni a dónde iban a llegar, pero en el camino, fueron solucionando todos los problemas que tenían.
- Si pretendes hacer las cosas, que los demás están haciendo, estarías cavando tu propia tumba. Un emprendedor da soluciones, pero además de eso, debe innovar.

 7   Sé hábil

Querido compañero/compañera, esta aventura es una transformación personal. Para ser libre financieramente, hay que tener ciertas habilidades; no tienes que preocuparte, te convertirás en un maestro de estas habilidades millonarias. Todo millonario exitoso, en algún momento, fue como tú y como yo, cuando nos tocó salir del infierno. Eran completos novatos, no sabían que hacer, pero lo aprendieron. La práctica hace al maestro, para ser bueno en algún área, necesitas dedicarle tiempo.

Un atleta de élite, nunca deja de entrenar, siempre busca la manera, de ser mejor día a día; le da igual haber ganado títulos. Él quiere más y sabe que debe dar más.

Saber amar toma su tiempo, necesitas experiencia, sufrir un poco, para así conocerte en profundidad. Algunos dicen, que uno nace para ser exitoso, mientras otros dicen, que uno se hace exitoso. En cierta medida, ambas cosas son válidas; si tus padres son deportistas de élite, tienes en tus genes, ser un deportista de élite. Pero si tus padres, solo practicaron deporte de forma rutinaria, tú puedes ir un paso más allá, superarlos y convertirte, en un deportista de élite. La genética influye, pero tú puedes ser,

quien marque la diferencia en tu familia.

No importa si tu familia tiene dinero o no; evita las excusas del tipo: "No me enseñaron eso", "no vengo de una familia adinerada", o "lo tengo todo fácil, por ser de una familia con dinero". Recuerda, que si no tienes habilidades, no llegarás a ningún sitio.

Si un millonario, no sabe manejar su dinero, es muy probable, que lo estropee todo y quede en bancarrota. Debe saber al menos, ciertos conceptos básicos de gestión empresarial, porque de lo contrario, estará perdido. No te estoy diciendo, que debes sacarte un doctorado en Harvard; todo lo tienes a tu mano, con el internet y los libros. Lo que quiero es recalcarte, que debes tener una noción clara, para saber lo que estás haciendo.

Si quieres tener éxito en los negocios, necesitas saber hablar con los demás, debes ser hábil, para convencer a otros. Ahora vayamos directo al grano, veamos algunas habilidades que debes perfeccionar, para tener mayor ventaja en los negocios.

<u>Persuasión:</u> Todos los millonarios, deben alcanzar cierto grado de maestría en la persuasión. Como emprendedor, vas a tener que persuadir en varios niveles: Necesitarás persuadir a tu familia, para que te den apoyo como emprendedor; vas a tener que persuadir a accionistas, para contar con su capital; a empleados, para que trabajen contigo; y a las personas en general, vas a tener que convencerlas, de que tu producto o servicio, es el indicado. Incluso, necesitas persuadirte a ti mismo, para entrar en el programa mental, de trabajar diariamente en tu negocio.

Si no tienes el poder de persuadir, nunca podrás vender; y si no vendes, no ganarás dinero. Para poder tener pareja, debes vender; para tener amigos, debes vender… Necesitas vender en TODO. Nos estamos vendiendo todos los días; yo aquí me estoy vendiendo contigo, para que confíes en mí como tu guía y así poder llegar, juntos al éxito. He llegado a fracasar en negocios, por no saber vender. Esa rabia que he sentido, ha hecho que todos los días, dedique tiempo en mejorar, mis habilidades de ventas. Sé muy bien, que si no soy bueno en esto, me costará mucho triunfar.

Lo primero que debes entender, es lo siguiente:
- Tener una mentalidad financieramente rica. Debes tener la determinación, de llevar tu vida al siguiente nivel.
- El dinero se encuentra, en el seguimiento del cliente. En ocaciones, no podrás vender tu producto o servicio, en la primera interacción con el cliente; debes seguir en contacto con él, para que en el futuro, venga a ti.
- Debes usar todos los canales para vender, Facebook, Instagram, WhatsApp, etc.
- Planea el trato. Debes tener claro, lo que quieres conseguir en la negociación. Por ejemplo, si vas a hacer una venta o compra de un inmueble, previamente necesitas conocer a la otra parte; hacer un estudio de mercado y ver que rentabilidad puedes sacar.
- Entrena, necesitas hacerlo diariamente. En las ventas, debes ser mejor y nunca perder el ritmo, como buen vendedor que eres.

Sabiendo esto, quiero dar el paso, a los primeros conceptos que debes dominar, en el arte de la persuasión. Esto te servirá para toda la vida, quien no sabe vender, no va a tener para comer; pero quien sabe vender, comerá siempre.

Sé un emprendedor de éxito

Inducción al sí: Cuantas más órdenes positivas, le des al cerebro de la otra persona, más se acercará a ti; inconscientemente la induces, a que te diga que sí. En cambio, si la otra persona siempre te está rechazando, es porque en su cerebro, está negando todo y lo único que quiere, es defender sus intereses.

Debes hacer que te diga, cuatro veces SÍ; y el quinto SÍ, debe ser una proyección al futuro. Por ejemplo, le dices: ¿Te has dado cuenta del buen día que hace?. La otra persona en su cerebro, dirá que sí. No todo el tiempo, lo dirá en voz alta, a veces, simplemente afirmará lo que dices, con una sonrisa. ¿Ves lo bien que lo estamos pasando?, ¿Has visto lo bien que se siente estar acá?, ¿Te das cuenta lo bien que trabajamos juntos?.

Y el quinto SÍ, podría ser, por ejemplo: Deberíamos hacer este nuevo negocio, que tengo en mente…

Obviamente, las preguntas cambiarán, dependiendo de la situación. Lo que importa, es que hagas que la otra persona, entre en un estado positivo, para que conecte contigo.

Don Pero: Cuando introduces el "pero" en una frase, todo lo anterior que has dicho, queda borrado. Por ejemplo: "*Me gustaría poder recibir tu asesoría, pero no tengo tiempo*". ¿Qué pasa aquí? Que la persona no se queda con la idea, de que le gustaría recibir tu asesoría, sino, con que no tiene tiempo. El "pero", borra todo lo anterior. Entonces, lo que debes hacer, es lo siguiente: "*No tienes tiempo, pero te gustaría recibir mi asesoría*". Aquí lo que debes hacer, es escuchar a la otra persona, para luego cambiar el orden de la frase. Vas a quedarte con lo positivo; es muy probable

que la otra persona, quiera comprar tu servicio o producto. Lo que haces con esto, es encuadrar la conversación, hacia el lado positivo.

Ilusión alternativa: Esto funciona sobre todo, cuando quieres invitar a salir a alguien. No propongas un solo plan, que sean al menos dos opciones, donde sabes que saldrás ganando. *¿Prefieres martes o jueves?, ¿Prefieres tomar un café o comer algo?.* Lo que haces aquí, es sembrar la idea, de que ambos vayan a un sitio. Indistintamente, de la opción que escoja la otra persona, tú sales ganando, porque vas a salir con ella. En cambio, si le dices para quedar el jueves, o tomar un café, las probabilidades de que te rechace, son superiores.

Me he dado muchos golpes contra la pared, para poder entender esto; he sido de los que solo dan una opción y he terminado, siendo rechazado. Esta forma de persuasión, he notado que la usan, en empresas de multinivel. Te dicen directamente: *¿Vas a ser socio, socio - miembro, o solo miembro?.* Lo que logran con esto, es que directamente, escojas una opción; vas a entrar sí o sí, en la compañía. Por ejemplo, si escoges ser solo miembro, más adelante, cuando veas lo bien que te va con el producto, adicional a los buenos resultados de los socios miembros, es probable que quieras, ser uno de ellos.

Desmembramiento: Esta técnica, es para atacar la objeción, que te da la otra persona; atacas la incongruencia. Aquí, vas a hacer una comparación. Por ejemplo, te dice: *"Nunca haría negocios con un inversor de bienes raíces, a ellos solo les importa el dinero".* Ahora tú, le puedes decir: *"¿Tú eres racista?.* Entonces, si has conocido a 3 inversores de bienes raíces, que son malos, no

significa que todos lo sean, estarías discriminando a los buenos".
La otra persona, verá la realidad y se dará cuenta, del error que
estaba cometiendo.

Todos somos vendedores, no importa si eres doctor, abogado,
cocinero, etc. Debes saber vender, porque sino, no podrás
convencer a la gente, de que eres el indicado, para realizar el
trabajo. Dedicamos el 40% de nuestro tiempo, a vender. Queremos
influir en los demás, para que acepten nuestra idea. La vida, es
una venta constante. Cuando haces networking, estás vendiendo;
cuando hablas con tu pareja, estás vendiendo. Si sabes vender,
triunfarás. Para vender una idea, debemos asegurarnos, de estar
vendiendo algo potente e ir, directo al grano.

Por ejemplo, a la hora de dar un discurso, debes hacer que esa
idea, salga de ti con fuerza, seguridad y confianza, para que
llegue bien al público, siendo capaz, de captar su atención. A
la hora de dar un discurso, puedes hacer uso del copywriting;
esto consiste, en hacer que tus textos, sean persuasivos. Puedes
previamente, preparar tu discurso, con técnicas del copywriting
y luego, presentarlo ante los espectadores.

Cuando vayas a preparar un texto persuasivo, es recomendable
recordar:
- Divide las oraciones, en otras más pequeñas; que tus párrafos
  sean de 5 líneas.
- Haz una búsqueda de tu audiencia, encuentra sus puntos
  más profundos de dolor, así como el lenguaje que usan.
- Los textos en el copywriting, deben ser íntimos. Que sean
  una conversación, con la otra persona.
- Escribe tal como hablas… PERO… Cuida tu lenguaje, si

tienes faltas importantes, limpia tu lenguaje. Trata de usar un lenguaje informal, debe ser sencillo, claro y directo, para el espectador.

- Trabaja el ritmo, combinando frases cortas, con frases largas.
- Si vas a escribir un texto persuasivo, que pondrás en una web o correo electrónico, elabora listas, con puntos claves.
- Incluye verbos en acción.
- No abuses de los adjetivos.
- Elimina adverbios innecesarios.
- Emplea transiciones, conecta las ideas. Puedes usar frases como: "*Imagínate lo que podrías conseguir, con esto...*"; "*Recuerdas cuando...*"
- Usa solo la segunda persona del singular.
- Haz uso de preguntas retóricas, utiliza afirmaciones como preguntas: *¿"Quién más quiere...?"*, *"¿Te gustaría...?"*, *"¿Verdad que esto también te está ocurriendo a ti?"*, *"Déjame hacerte una pregunta"*.
- Usa comparaciones.
- <u>**Luego de escribir tu texto para persuadir, léelo en voz alta, para así verificar, que suene natural. Esto te ayudará a mejorarlo.**</u>

Si eres un coach, te conviene saber redactar textos persuasivos, para ponerlos en un blog y posicionarlos en internet. Esto a su vez hará, que llegues a más personas. Para esto debes, hacer uso de aquellas palabras, que la gente más emplee, al momento de realizar, una búsqueda en internet.

Puedes hacer, un Keyword Research. Es decir, una búsqueda de palabras claves. Por ejemplo, si la gente busca: "coach para mujeres en Barcelona"; tú, que ya hiciste una búsqueda, de

las palabras que se usan más, aparecerás entre los primeros resultados, en la búsqueda de Google. Puedes usar plataformas como keywordtool.io , donde puedes poner frases, del nicho de tu servicio/producto; para así descubrir las más usadas.

Es muy importante, que hagas uso de los títulos en el texto. Los títulos y subtítulos, cuando los usas con palabras persuasivas, llamarán la atención del público y ganarás más retención.

Un concepto que se repite hasta el cansancio, en el mundo de las ventas, es que debes conocer a tu cliente ideal. Debes imaginarte como sería, sus necesidades y lo que busca. Si tienes una tienda online, o estás vendiendo varios productos en tu web, tu descripción debe estar enfocada, en el cliente que deseas que te compre. Las buenas descripciones, son específicas, directas y personales. Esto es, porque te pones en el lugar del comprador y haces que se sienta, más conectado a ti.

Cuando vayas a redactar, la descripción de tus productos, te sugiero que respondas, a las siguientes preguntas: ¿Qué características tiene mi producto?, ¿Dónde y cómo se puede usar?, ¿Por qué mi producto es mejor que el de la competencia?, ¿Qué personas lo usan?.

Otro aspecto al que debes ponerle atención, a la hora de vender, es el de generar testimonios. Ya sea que aparezcan, en una página principal de la web, o en la ficha del producto, los testimonios dan credibilidad. Es una prueba social para el cliente, porque verá que otros han comprado y que se sienten bien; lo que hará que tenga más confianza en ti. Amazon, por ejemplo, es muy buena en esto; como comprador podrás ver, que debajo de la

ficha del producto, algunos usuarios han escrito, su experiencia con el producto.

Trata de no esconder, la llamada a la acción. Si en tu web estás mostrando, lo que vas a vender y te has asegurado, de ponerle una buena descripción; entonces debes hacerle, la vida más fácil al comprador, para que pueda iniciar, su acción de compra. Coloca un botón que resalte y que lleve directamente, a la pasarela de pago. Debe ser de fácil acceso, para no complicarle el proceso al cliente.

No está de más decirte, que debes poner fotos profesionales, de tu producto o servicio. En el caso de que sea un servicio, coloca algo que lo ilustre. Si es un producto, pon fotos que impacten y aumenten el deseo de compra. Asegúrate de proporcionar fotos, que sumerjan al cliente.

Recuerda poner palabras claves, en tu ficha de producto. Anteriormente, te mencioné una herramienta, que te ayudará en este tema. Es importante que cumplas con esto, ya que debes saber, que es lo que busca la gente en Google, en relación al producto o servicio que vendes. Si vendes **"ropa de gimnasio"**, debes buscar otras palabras, que los usuarios suelen utilizar en su búsqueda, relacionadas a la ropa de gimnasio.

En relación a este tema del SEO, te recomiendo que hagas una búsqueda en internet, sobre consejos que puedes implementar. Puedes encontrar infinidad de artículos y videos, que te explicarán de forma muy profesional este tema.

Ya hemos hablado sobre el copywriting; también hemos visto

consejos prácticos, que puedes implementar para escribir un discurso persuasivo, o al vender por internet. Ahora, es momento que veamos, lo que es el **AIDA**.

El **AIDA**, es la estructura que vas a seguir, para tener buenos discursos de venta. La A, es Atención; lo primero que tienes que hacer, ya sea si vas a vender frente a un público, o si estás enviando un email, es captar la atención de tu audiencia. Debes sorprenderlos. Incluso en este punto, puedes usar preguntas retóricas.

La I, es la Idea que tienes, para solucionar el problema; primero presentas el problema y luego planteas posibles soluciones. La D, es el Deseo; debes hacer que el cliente desee tu solución; describe como sería su vida, habiendo solucionado esto. Por último, tenemos otra A, donde harás una llamada a la Acción, para que adquieran tu producto.

Frases para persuadir:
- ¿Alguna vez has hecho una excepción?. ¿Sería posible hacer una excepción esta vez?. Esta pregunta funciona, cuando estás negociando con alguien, que está en contra.
- *Si estuviese en tu lugar, sentiría lo mismo que tú.* Esto permite que la otra persona sienta, que la estás comprendiendo.
- <u>Antes de cualquier frase para persuadir, menciona su nombre, la persona se sentirá especial.</u>
- ¿Qué expectativas tiene, para un producto/servicio como este?.
- ¿Qué le gustaría conocer sobre nosotros?.
- ¿Cómo está tratando de resolver este problema hoy?.
- ¿Cómo le impactaría personalmente, si estos problemas continuasen?.
- ¿Qué le gustaría lograr?.

Tú que lees esto, ¿crees que las decisiones de compra, son racionales o emocionales?. El comprador, siempre está influenciado por sus emociones. Muchas veces lo que queremos, es sentir que hemos comprado racionalmente, cuando en realidad, nos hemos dejado llevar por nuestras emociones. Tú, como buen vendedor, debes generar emociones en el comprador, que lo incentiven a comprar.

Vender no significa, que debes venderle lo más caro. El mal vendedor, te quiere vender lo más caro. Pero la realidad, es que debes generar valor; quizá hoy el cliente te compre un producto económico, que le genere valor y la próxima vez, te comprará algo más costoso. Con la generación de valor, haces que el cliente sea fiel a ti, lo que a largo plazo, te garantiza buenas ventas.

El cerebro está cansado, del típico discurso de vendedor; por eso es un error, que solo te enfoques en vender. Para poder vender, debes escuchar al cliente.

Este error, es común. Personas que quieren vender directamente su producto, sin antes haber entablado una conexión con el cliente. Esto no se trata solo de obtener dinero, sino de escuchar al cliente, conocer miedos; y una vez los tengas identificados, adaptas tanto el discurso, como el producto, a la necesidad que tiene el comprador.

Si ves, que nada de lo que tienes, se le ajusta, sé sincero y díselo. Cuando eres honesto, diciéndole al cliente, que tu producto no se ajusta a sus necesidades, él se queda impactado; incluso, puede ser que quiera comprarte otra cosa, o recomendarte a otras personas.

Sé un emprendedor de éxito

Algunas formas para vender, sin vender, pueden ser las siguientes: *Comiendo, compartiendo, trabajando sin pedir nada a cambio, emocionando, enseñando.* Cuanto más sirvas a la gente, más vas a vender. Cuando aportas valor a una persona, ella sentirá la obligación, de aportarte valor. Esto es un intercambio.

Hay gente, que sin tener un gran producto, sabe vender. La "muerte" #1, de los emprendedores, es no saber vender. Si eres abogado, pero no sabes vender… estás mal. Tienes que amar las ventas. Debes venderte con tu esposa, si de verdad quieres tener éxito en el matrimonio. Saber vender, hará que la gente esté contigo; al no saber hacerlo, existirá otro, que te robará el negocio, por ser más hábil que tú. Cuando sabes vender, la llave del negocio la tienes tú, no dependes de otro, que lo haga por ti. El emprendedor, se hace rico, porque vende; el pobre, se queda pobre, porque no vende.

¿Sabes por qué odiamos vender?

El cerebro es más optimista, que realista; no tolera el rechazo. Por eso, un NO, es demasiado duro para nosotros; a la primera que nos rechazan, queremos darnos por vencido. En el sistema educativo tradicional, enseñan mucha tontería, te dan todo lo teórico, pero nada práctico. De nada te sirve, tener un título universitario, cuando no sabes vender. Muchas personas se gradúan, pero no consiguen empleo, porque no tienen esta habilidad. Los padres, también tienen culpa de esto; saben que sus hijos, necesitan adquirir habilidades. Les dicen que con un título universitario, ya tienen resuelto el futuro, cuando no es verdad. Con esas ideas, solo les arruinan la vida a sus hijos.

Sé un emprendedor de éxito

Tal vez odias vender, porque te rechazaron de niño. Cuando uno tiene 14 años, y te rechaza la chica más guapa del colegio, uno se siente basura. Ella se burla de ti, todo el colegio se burla de ti. Dejamos de creer en nosotros; no nos creemos capaces, de ser buenos en algo. Perdemos la confianza, siendo ahí, cuando nos arrastramos.

Pero eso, no debe ser un impedimento, para salir adelante; más bien, debes convertirlo en un motivo, para mejorar como persona y dar lo mejor de ti. A mí, me han rechazado ciento de veces, pero cada rechazo, me motiva a aprender más. Los rechazos para mí, son momentos de crecimiento, no de crisis. Los acepto como una oportunidad, para ser mejor; y así, en la próxima, conseguir mis objetivos.

Si estás feliz en tu situación, sé el mejor vendiendo. Si eres feliz siendo taxista, sé el mejor taxista vendiendo; porque si sabes vender, vas a tener para comer. La venta es disciplina, porque debes cumplir. Te eleva la autoestima, te hace positivo, independiente y servicial.

Consejos de ventas:

PAIN - CLAIM - GAIN
Debemos diagnosticar el Pain; ya sea el dolor, angustia o necesidad, que tiene el consumidor, para así crear un mensaje, que capte la atención del cerebro reptil. Debemos diferenciar el Claim, es decir, diferenciar nuestro producto o servicio. Pregúntate ¿por qué el mío y no el de los demás?

Debes determinar el Gain, que quiere decir, los beneficios tangibles, que obtiene el cliente, al adquirir aquello que le vendemos.

Todo discurso comercial, cumple con estos 3 puntos. Lo que hace el vendedor novato, es ir directo al Claim; quiere decir todas las características de lo que vende, cuando ni siquiera, ha conectado previamente con el comprador. Tú no puedes saltarte los pasos, es como si un doctor, quiere hacerte una cirugía, sin antes ver lo que tienes.

Quiero que ahora mismo, elijas un producto, puede ser tuyo o de otra empresa, escribe en un papel, el PAIN - CLAIM - GAIN, que tiene.

<u>Única proposición de venta:</u> Las personas, compran por una característica. Explica pocas características, pero que sean determinantes. No satures al comprador, porque lo que puedes provocar, es miedo; esto hará que pierdas las ventas. Recuerda que sin ventas, no hay ingresos.

<u>Dedica tiempo a vender:</u> Debes dedicarle tiempo, al marketing y a las ventas. La primera tarea del día en tu negocio, debe ser vender, antes o después, terminarás vendiendo; aunque puede ser, que hoy no vendas… Te aviso de antemano, que no todos los días verás resultados, pero si lo haces, pondrás las posibilidades a tu favor. Cuanto más lo hagas, más probabilidades tendrás, de hacer una venta. Cuanto más intentes romper el vidrio, más probabilidades tienes de romperlo. Debes poner el foco, en hacer lo necesario, para que el resultado sea inevitable. Irás descubriendo patrones y verás, como se comporta el cliente. Te adaptarás e irás mejorando. Haz 3 gestiones comerciales, cada

día.

<u>Foco en el beneficio y no en el producto:</u> Al cliente le importa un bledo, todas las características sobre el producto, lo que desea, es el beneficio.

<u>Elimina el síndrome del consultor:</u> No cometas la tontería, de querer hacerte el sabelotodo; no hagas el papel de sofisticado. Lo complicado, no vende. Muchos cometen el error, de querer usar un vocabulario científico, que hace lucir todo más "lujoso". La venta va de hablar normal, no de hacerte el listo.

<u>Vender es servir:</u> Ayuda al comprador, facilítale el proceso, haz que se sienta acompañado.

<u>Venta asesorada:</u> A cada ser humano que te contacte, debes aportarle información de valor; las personas reconocen, cuando les das valor. Esto es algo que valoro mucho. Me sucedió, cuando me llamó, por primera vez, África Bos, coach en habilidades sociales. Ella no me llamó, para darme un montón de información, e intentar que me inscribiera en su taller. Ella lo que hizo, fue darme una mini clase de 10 minutos, vía telefónica; donde me enseñó cosas que no sabía, abrió mi mente y al final de la llamada, me invitó a inscribirme en su taller. Gracias a que ella me aportó valor, sentí el compromiso de inscribirme. Esto es lo que hace que vendas.

<u>Foco en el cliente:</u> Nada de decir: "Nosotros hacemos tal…". Mejor di: "Tú vas a…", "Tú tienes el beneficio de…".

<u>Breve:</u> Habla en términos de 30 segundos, no des una conferencia de 1 hora, sobre tu producto.

Sé un emprendedor de éxito

<u>Marketing permisivo:</u> Ve consiguiendo poco a poco, el permiso del cliente. Cuando conoces a alguien, no puedes proponerle matrimonio, en el primer encuentro. No puedes ser pesado. Primero consigues una llamada con el cliente, luego le puedes enviar un mensaje, después un email y luego, una llamada a la acción, para que compre tu producto.

<u>Vender es hacer seguimiento:</u> No te olvides del cliente, debes devolverle el mail, la llamada, etc. Lleva una base de datos, para que los contactes y los mantengas informados.

Un mal vendedor, vende miedo. Tú, debes vender experiencias maravillosas. NO vendas miedo, vende valor.

Ahora quiero, que pasemos a algunos consejos, para vender por WhatsApp. Como te dije en el capítulo, "Sé un imán para el dinero", WhatsApp es una gran red social, usada por millones de personas, alrededor del mundo. El que no tiene WhatsApp, es un don nadie.

1. **Prepara una base de datos:**
- Segmenta tus contactos, puedes hacerlo por género, así enviarás, la información adecuada.
- Dile: ¿Me regalas tu nombre completo?, de esta manera, los organizas mejor.
- Segmenta por país, ciudad y clasifica también, por precio (que tanto puede gastar ese cliente).
- Crea grupos de difusión, con distintos objetivos de mensaje, enfocados a los productos que vendes.

2. **Define tu mensaje:** Empieza el mensaje, con un saludo. Menciona su nombre e identifícate. Dale una pequeña explicación, sobre el producto/servicio. Si por ejemplo, estás vendiendo un evento, resume de que trata, la fecha, horario y precio. Sintetiza también, las respuestas, sobre las preguntas frecuentes, que suelen hacer los clientes; por ejemplo, políticas de devolución, formas de pago, etc. La gran mayoría de las veces, los clientes llegarán a ti, gracias a campañas publicitarias, que haces en redes sociales. Cuando vayas a hacer publicidad, oculta el precio. Debes crear curiosidad. Muchas veces, las personas se bloquean por el precio, cuando en realidad, lo que deberían es fijarse, en el valor de lo que estás ofreciendo. Sé detallista con las mujeres, no con los hombres.

Prepara audios, videos o imagen: Usa multimedia, que sirva de apoyo a tu mensaje. De esta forma, convences más al cliente. Puedes también, poner un enlace, con más información. Recuerda que en el mensaje, solo debes resaltar puntos importantes. Si quieres conectar más con el cliente, puedes enviarle un mensaje de voz, donde suenes alegre y así, contagias emocionalmente, a la otra persona.

Busca el impacto y el reenvío: Impresiona al cliente, hazte amigo de él. Cuando lo veas en persona, sé atento, salúdalo, abrázalo. Quiérete tú, si no te quieres, atenderás amargado a los clientes. Debes estar, en buen estado emocional y ofrecer un trato único. Ten en cuenta, que un cliente, que te compra productos premium, de precio alto; va a compartir el producto, con su entorno. A ellos, debes darles un trato VIP, se deben sentir exclusivos.

Se tú mismo y como te dije anteriormente, no te hagas el sofisticado. Sí… Debes ser un profesional, pero eso significa, dar lo mejor de ti y hacer las cosas bien. Cuando eres la mejor versión de ti mismo, conectas más fácil, con otros.

Seguimiento al cliente: Síguelo hasta el final. La venta no termina, cuando adquiere el producto. La venta sigue, ya que te puede seguir comprando. Debes hacer que te sea fiel, por ejemplo, ofreciéndole descuentos. Debes pensar, que le estás arreglando la vida; no solo pienses en el dinero, tu misión como emprendedor, es hacer que su situación mejore.

Si te da alguna objeción, debes convertirla, en una oportunidad. Debes hacerle entender, que si solo ve el precio, pierde la oportunidad de crecer. Tu producto es más importante, que cualquier otro capricho. Por ejemplo, si eres formador y vendes un curso, puedes decir: "este curso va a hacer que seas mejor, que ganes más dinero…". Puedes comparar tu producto con otro y destacar, lo valioso de aquello que vendes. Mantente atento siempre, para cubrir sus necesidades; no le vendas algo que no necesita, porque si haces eso, eres un mal vendedor.

<u>Consejos a la hora de hablar en público:</u>

- El mensaje debe ser relevante. Si a un público de emprendedores, le comienzas a hablar, sobre biología y matemáticas avanzadas, lo más probable, es que no te hagan caso. Debes saber, a quién te estás dirigiendo y dar el mensaje correcto; porque esto hará que ganes su atención, para así hacerles, el llamado a la acción.
- Si vas a vender algo, a nadie le interesa lo que quieres. No

seas egoísta.

- Problema - - > Solución.
- Da esperanza, que tengan una imagen del futuro distinta, llena de oportunidades y no de desgracias.

- Si no llamas la atención, en los primeros 5 segundos, estarás muerto… El público pierde el interés en ti. No seas uno más, habla con pasión; esto no es una presentación de universidad, que solo haces para aprobar la materia. Aquí te estás jugando la vida. Si no captas su atención, en los primeros 5 segundos, ellos físicamente estarán, pero mentalmente no.

-
- Puedes captar la atención del público, con un objeto. Por ejemplo, si vendes libros, puedes llamar su atención, teniéndolo en la mano y diciendo, a lo que te dedicas y lo orgulloso que estás, de que tu libro cambie la vida, de miles de personas. Puedes usar un bolígrafo, un billete, lo que sea. Lo que necesitas, es tener su atención, para que ellos se conviertan en tus aliados.

-
- No cometas el error, de hablar basura. Muchas personas, se ponen nerviosas y comienzan a decir, cosas sin sentido. Tú en cambio, harás como las charlas Ted, ser directo y divertido.
- Usa frases o citas de personas famosas.
- Cuenta una historia, puede ser tuya o de otra persona. Debe estar relacionada con el tema, porque si no, estarás cometiendo el error, de hablar basura. A medida que cuentes la historia, haz pausas, con preguntas retóricas; al seguir, acelera el ritmo, subiendo el volumen de la voz y haciendo, que vivan la emoción, que tú estás sintiendo. La gente se queda dormida, con voces monótonas. Tú vas a hablar, con

Sé un emprendedor de éxito

energía ganadora.

- Inicia con una pregunta, ¿sabías tú…?.
- Diferencia entre el público colectivo y el público individual. Las palabras como, "Tú, Te, Ti", van dirigidas a un público individual; aquí estás personalizando el mensaje. Palabras como, "Nosotros, Juntos, Vamos, Somos, Equipo", van dirigidas al público colectivo.
- Escoge una palabra y repítela 3 veces; esto te ayudará, a hacer más énfasis en lo que dices.
- Pon números a tu discurso. Tu discurso necesita fuerza, argumentación. Los números, le dan poder a tu discurso; puedes usar estadísticas, para darle mayor soporte a lo que dices.

Sabiendo esto, te invito a que aprendas a hacer un "Pitch Deck", para vender tu idea de negocio a otros inversionistas, logrando así, adquirir más capital. Con todos los consejos que te he dado anteriormente, estás en la capacidad de presentar tu negocio, de forma efectiva a otras personas. Ahora mismo, estás adquiriendo habilidades millonarias, no eres como el resto de las personas. Tienes habilidades que te harán tener éxito en los negocios, lo que te permitirá, vivir una vida llena de abundancia, en lo económico, en la salud y el amor.

Te estarás preguntando: ¿Qué demonios es un Pitch Deck? ¿Cómo esto puede ayudarme a tener más dinero?

Si de verdad deseamos, que nuestra empresa crezca y queremos capital de inversionistas, necesitamos que se interesen en nuestro proyecto o empresa, que previamente hemos comprobado, que es atractivo y relevante. Para esto, haremos uso de un Pitch Deck,

que no es más que una técnica de ventas, que suele ser presentada en Power Point, o en algún programa de diapositivas. El Pitch Deck, va a resumir visualmente, la misión de tu empresa, tu plan de negocio y la visión de crecimiento.

Piensa ahora mismo, que tú eres un inversionista; que recibes miles de propuestas cada año, de empresas interesadas en tu capital. Como inversor, quieres participar en una empresa, que tenga un crecimiento exponencial y te asegure, retorno del capital aportado.

Entonces tú, como emprendedor, quieres mostrar un buen Pitch Deck, que ilustre a tu negocio y que llame la atención. Si quieres lograr esto, te recomiendo que en tu Pitch Deck, cubras los siguientes puntos:

- **Introducción:** ¿Quién eres?. ¿Qué es lo que haces?.
- **Problema:** ¿Cuál es el problema?. ¿Es lo suficientemente grande, como para que tu empresa cubra ese problema, a muchos más clientes?.
- **Solución:** ¿Qué solución brinda tu negocio?. ¿Cómo has comprobado que tu solución funciona?.
- **Oportunidad:** ¿Qué va a pasar en el futuro?. ¿Por qué nadie lo ha creado antes?. ¿Hacia dónde se dirige el mercado?.
- **Mercado:** ¿El mercado existe?. ¿Hay demanda?. ¿A qué segmento te diriges?. ¿Qué tan grande es el mercado?.
- **Competencia:** ¿Quiénes son tus competidores?. ¿Qué haces mejor que ellos?. ¿Qué es lo que ellos hacen mejor que tú?. ¿Qué puedes aprender de ellos?.
- **Modelo de negocio:** ¿Cómo gana dinero tu negocio?. ¿Cómo ganará dinero tu negocio?. ¿Cuándo tu negocio va a empezar

a ganar dinero?.

- **Equipo:** ¿Quiénes están detrás del negocio?. ¿Qué habilidades tienen?. ¿Por qué ustedes son los indicados?.
- **Tracción:** ¿Qué han conseguido hasta ahora?.
- **Finanzas:** Proyecciones de ingresos, estados de cuenta. ¿Cuánto dinero quieres recaudar y qué harás con ese capital?.
- **Hoja de ruta:** ¿Qué hará en los próximos meses tu negocio?. ¿Cuáles son los retos?.
- **Llamada a la acción:** ¿Qué quieren del inversor?. ¿Qué le piden?. ¿Qué le van a ofrecer?.

Cosas que debes hacer:
- Cuenta historias, conecta con el inversor.
- Diapositivas de una sola idea.
- Da una buena primera impresión.
- Muestra a las personas, que están detrás del negocio.

Un buen Pitch Deck, puede marcar mucho la diferencia. Ayudará a los inversores, a tomar una buena decisión, decantándose, por tu negocio. Te recomiendo, que uses webs, como slidebean.com, que te ayudarán a crear, diapositivas geniales.

Ya sabiendo lo importante, que es saber vender, quiero darle paso, a la otra habilidad que debes dominar, si quieres tener éxito como emprendedor.

Lee a las personas: Los millonarios se vuelven muy buenos, leyendo a las personas. A ellos, les han mentido muchas veces, han sido estafados, apuñalados por la espalda, traicionado; tanto así, que ya saben detectar señales, en el comportamiento de las personas.

Es obligatorio, saber leer a los clientes. Sobre todo, cuando quieres llenar sus necesidades, vendiéndoles algo; debes también, leer a tus empleados, para conocer como se sienten. Debes leer a las personas, que están llenas de éxito. Muchas veces, nosotros que somos personas de éxito, pensamos que otros están llenos de éxitos, cuando en realidad, no lo están. Es como cuando te enamoras de alguien y cometes el error, de darle cualidades que no tiene… Ahí, no estás leyendo bien a la persona, puede que te lleves un gran golpe, al unir tu vida a alguien, que no te va a aportar nada bueno.

Leer a las personas, no se trata de ver solo el lado negativo, se trata también, de leer a personas que merecen ser cuidadas, ofreciéndoles un buen trato.
Otro elemento, que también necesitas desarrollar, es la capacidad de saber, qué es lo que tu cliente va a necesitar ahora, dentro de un año y más adelante. Recuerda, como dice Grant Cardone: <u>El dinero está en el seguimiento.</u>

Debes saber leer a los millonarios, que en algún momento estuvieron en tu nivel. En general, debes saber leer a las personas, en todas sus etapas; y darles el voto de confianza que necesitan, en cada escalón al éxito.

Comparte tu riqueza: Las personas ricas, comparten su riqueza. Pero cuidado, no te digo que comiences a regalar dinero, a todas las personas, que se te pasen por delante. A lo que me refiero, es que esto es un Ganar-Ganar. Cuando hagas negocios con alguien, ambos deben tener ganancias. Esto lo he aprendido, de un gran amigo, que me ha enseñado a invertir, en el sector de la automoción. Él, sabe más que yo, tiene más experiencia,

se preocupa por mí y me enseña, todo lo que sabe. Cuando debemos vender un coche, ambos necesitamos ayuda mutua; y él se asegura, que ambos ganemos.

Mira a Bill Gates, tiene una fundación con su esposa, para ayudar a los niños en África. Amancio Ortega, multimillonario, dueño de Inditex, dona dinero a hospitales. El famoso actor Keanu Reeves, protagonista de la saga Matrix y John Wick, se dedica a donar de forma anónima, a organizaciones que luchan contra el cáncer.

La clave del éxito en la comunidad judía, es que cuando ganan dinero, mucha gente gana dinero. Si tú adquieres esta habilidad, mucha gente querrá hacer negocios contigo, porque saben que vendrán cosas buenas.

Apalancamiento: Los millonarios, se hacen maestros del apalancamiento. Entienden, que cuando quieres hacer algo grande, necesitas apalancarte de un equipo, para crecer rápidamente. La gran mayoría de las personas, que tuvieron calificaciones sobresalientes en la escuela, que siempre destacaron y que son perfeccionistas, suelen ser los que peor lo pasan, en la vida real. Los que no tuvieron las mejores calificaciones, entienden lo importante que es el apalancamiento, porque siempre necesitaron ayuda, sabían cuando debían solicitarla.

Tú necesitas aprender, a delegar en tu negocio. Debes ser capaz, de sistematizar todas tus actividades. Debes apalancarte con tu equipo de ventas, marketing, tecnología, etc. Pregúntate: ¿Cómo me puedo apalancar, para hacer que esto vaya más rápido?.

¿Qué pasa si intentas construir tu casa, en un lugar que no es sólido? Tu casa se caerá a pedazos. Antes de construir una casa, debes construir una base sólida. En los negocios es igual, debes crear un sistema. Un sistema de negocios, es un proceso que se repite y que genera ingresos. Debes sistematizar tu negocio, para que así puedas vender efectivamente, ofreciendo en mayores cantidades tu producto, a medida que vas creciendo.

¿Qué sucedería si un árbol crece, pero no tiene raíces sólidas? Tarde o temprano, una tormenta se lo llevará. Si tratas de hacer crecer tu negocio, pero no tienes un buen sistema, tu negocio está en peligro. Muchos negocios van bien, hasta que intentan crecer y de repente, están en serios problemas. ¿Cómo puedo crear un sistema efectivo en mi negocio?. Hazlo simple, no debes complicar las cosas. Crea un sistema, capaz de ser entendido por todas las personas, que conforman el negocio.

Tu negocio consiste, en 3 partes principales: marketing, producción y administración. Como dueño del negocio, debes diseñar un sistema específico, para cada una de estas partes, que puedan trabajar en piloto automático. Necesitas crear un sistema, que sea una máquina de dinero. Debe estar organizado, generar beneficios y darle apoyo a tu crecimiento. Y muy importante… **Que sea un sistema, que pueda trabajar sin ti**. No puedes ponerle límite a tus ingresos. Lo que quieres, es tener libertad financiera, con ingresos ilimitados, sin ser esclavo de tu negocio.

Si el negocio necesita de tu presencia, para poder crecer, solo podrá crecer, hasta donde puedas manejarlo. Lo que significa, que tus ingresos estarán limitados. Las personas con éxito en los negocios, no necesitan estar físicamente presentes, para que su

negocio pueda funcionar.

Las grandes corporaciones, delegan sus labores. Ponen a cargo a personas, que siguen la visión de la empresa. Tu negocio, no puede estar toda la vida, dependiendo de ti. Imagina trabajar en varias partes del mundo, generando ingresos, sin estar directamente involucrado.

Con un buen sistema, tienes tiempo para estar con tu familia, formarte y hasta ocuparte, de otros negocios.

Una vez tienes un sistema, que trabaja para ti, debes concentrarte en duplicarlo. Creas un sistema de negocio que funciona, que te genere ingresos y luego, lo repites una y otra vez.

Si por ejemplo, tu negocio es vender propiedades, en una localidad en específico, y obtienes buenos ingresos por ello; puedes duplicar tu negocio, para hacer que llegue a más localidades. Mira Airbnb, están alrededor de todo el mundo. Duplicar te permite, incrementar la cantidad de valor que entregas; cuando incrementas esa cantidad, tus ingresos aumentan.

El network marketing, se basa en esto. Crean un sistema y se duplican, apalancándose en personas. Duplicar significa, que puedes llegar a todas las personas que quieras, de forma muy rápida. Necesitas exposición, para que la gente te conozca; sin duplicación, empresas como Glovo o Uber, no serían millonarias.

Apalancarse, significa hacer más, con menos. Es trabajar inteligentemente, en vez de fuertemente. Si no usas el apalancamiento, estás trabajando fuertemente, pero estás

ganando poco. ¿Cómo puedes entregar valor mientras duermes?.

Tony Robbins, da cientos de conferencias, alrededor del mundo. Años atrás, decidió apalancarse, con el uso de DVDs. En estos tiempos, que todos usamos internet, vende sus programas de formación, mediante su web. Es decir, él puede estar en todas partes, sin estarlo físicamente. También, puedes licenciar tu negocio. Otra persona puede comprar tu licencia, para montar tu negocio, sin tener que encargarte de ello.

¿Recuerdas cuando te mencioné, que para vender por WhatsApp, debes tener una base de datos de tus clientes?. Una de las mejores formas de apalancarse, es usando tu base de datos, ofreciéndoles nuevos productos a tus clientes, para que vuelvan a comprarte.

Apalancarse puede ser:
- Usar el dinero de otro, para crear tu negocio.
- Usar el talento o contactos, de otra persona con éxito.
- Usar la tecnología a tu favor.
- Usar las redes sociales.
- Promocionarte mediante personas, que cuenten con buenos seguidores.
- Darte a conocer, sin que hagas algo.
- Estar creciendo personalmente.
- Usar el tiempo de forma efectiva, para así hacer las cosas correctas.

Reclutar: Necesitas reclutar talento, la mejores personas en ventas, programadores, etc. Recluta a amigos, que quieran hacer negocios contigo; recluta a gente de éxito, para que se asocie contigo. Los reclutas, pero no para venderles algo, te sientas con

ellos y aprendes de ellos.

Tendrás que reclutar a los mejores mentores, a los mejores inversores. En el libro anterior, te enseñé a hacer networking; los millonarios son muy buenos en esto, van a las personas indicadas, para lograr que su negocio crezca. Saben a quién acudir, para cada cosa.

Maneja tu energía: Si no tienes energía, nunca alcanzarás la libertad financiera. Necesitas energía, para tomar acción. Busca formas que te permitan, tener energía a lo largo del día. No vale tomar bebidas energéticas. Debes mantenerte en movimiento, cuidar tu dieta y hacer ejercicio.

Aprende a resolver problemas: Los millonarios, siguen un sistema paso a paso, para resolver problemas. Esto lo aprendes, haciéndolo. Una parte de aprender, a cómo resolver problemas, es decir NO, el 90% de las veces, a aquellas cosas que se te presentan, pero que no aportan nada.

Manejo del tiempo: Los millonarios, saben manejar su tiempo. Muchos emprendedores, no alcanzan el éxito, porque se la pasan deslizando el feed de Instagram, jugando a videojuegos, usando Snapchat, etc., en vez de dedicar tiempo, a vender su producto; ya sea creando relaciones, etc. No están jugando el partido y por eso, no logran llegar lejos, yendo así, directo al infierno.

Saber manejar el tiempo, es poder hacer algo, que te llevaría una hora, en media hora; y además, hacerlo bien. Es saber hacer una llamada, donde abrevies 30 minutos, en 10 minutos. Es aprender a enviar un mensaje, sin estar perdiendo el tiempo; es aprender a

comunicar, de forma más rápida.

Debes manejar tu tiempo, para alimentar tus buenas relaciones, para rejuvenecer tu cuerpo, etc. Divide tu tiempo, en las diferentes cosas que tienes que hacer, pero sobre todo, no pierdas el tiempo en cosas, que no te potencian.

Manejar el dinero: Este es un tema, que más adelante veremos, pero quiero que sepas, que si no sabes manejar tu dinero, no serás libre financieramente. Para poder tener dinero, debes saber manejarlo. Debes tener claro, que no puedes gastarlo en caprichos. Por ejemplo, si estás construyendo un negocio, no te gastes el dinero en lujos, invierte ese dinero en tu negocio. Es mejor, no tener el mejor coche de todos, pero tener un negocio que va bien; a tener un coche de lujo, pero un negocio en la quiebra.

Sé paciente en tu crecimiento: Debes saber, que parte del éxito, es esforzarse fuertemente y tener mucha paciencia. Debes tener fe en ti mismo, saber que muy pronto, tu negocio llegará al siguiente nivel. No te puedes hacer rico, de la noche a la mañana. Eres como un árbol, primero pones la semilla, luego el árbol va creciendo. Solemos perder la cabeza, cuando vemos que nuestro negocio, no va tan rápido como esperábamos. Todo toma su tiempo, los grandes millonarios, tuvieron mucha paciencia, cuando estaban construyendo su riqueza.

Sé un buen estudiante: Los millonarios, siempre tienen el foco, en mejorar constantemente. Si tú quieres alcanzar la libertad financiera, debes estar siempre buscando, una mejor forma de hacer las cosas. Verás como cada sección de tu negocio, estará

Sé un emprendedor de éxito

siempre mejorando, porque siempre buscarás dar lo mejor. Cuando siempre das lo mejor, entras en el ciclo de mejora constante. Debes aprender, de lo que hace tu competencia, del mercado, de lo que hacen las grandes personas de éxito.

Nunca puedes dejar de aprender, porque quien deja de aprender, deja de crecer; y quien no crece, MUERE.

Has aprendido, un set de habilidades, que te harán destacar del resto. Cada vez estás más cerca, de convertirte en la persona capaz, de alcanzar la libertad financiera, pase lo que pase. Ahora te invito, a que hagamos un repaso, de este capítulo:

- Para ser millonario, hay que ser habilidoso.
- Tú como emprendedor, vas a tener que persuadir, en varios niveles.
- Mientras más órdenes positivas, le des al cerebro de la otra persona, más se acercará a ti; inconscientemente, la induces, a que te diga que sí.
- Un aspecto importante, a la hora de vender, es el de generar testimonios.
- Saber vender, hará que la gente esté contigo. Cuando sabes hacerlo, la llave del negocio la tienes tú.
- Debes dedicarle tiempo, al marketing y a las ventas. La primera tarea del día en tu negocio, que debes cumplir, es la de vender.
- No cometas la tontería, de querer hacerte el sabelotodo. Lo complicado no vende.
- Ayuda al comprador, facilítale el proceso, haz que se sienta acompañado.
- Lee a las personas.
- Las personas ricas, comparten su riqueza; esto es un ganar-

ganar.

- Necesitas apalancarte de un equipo, para crecer rápidamente.
- Cuando tengas un sistema, que trabaja para ti, debes concentrarte en duplicarlo.
- Recluta talento para tu negocio.
- Necesitas energía, para tomar acción.
- Los millonarios, siguen un sistema paso a paso, para resolver problemas. Esto lo aprendes, haciéndolo.
- Como millonario, debes saber manejar tu tiempo.
- No importa si no tienes dinero, para poder tener dinero, debes saber manejarlo. No puedes gastarlo en caprichos.
- Debes saber, que parte del éxito, es esforzarse fuertemente y tener mucha paciencia.
- Sé un buen estudiante. Debes estar siempre buscando, una mejor forma de hacer las cosas.

 8 Planifica como un emprendedor

Todo emprendedor, necesita planificar lo que va a hacer. Debe tener claridad de sus objetivos, porque sin claridad, es como querer sobrevivir en un bosque, en medio de la noche, sin luz. Cuando no tienes un plan de acción previo, estás en la cuerda floja. NOTA: muchas veces los planes de negocios, no funcionan en nada. En ocasiones, es mejor tomar acción, para evitar la parálisis por análisis. Muchos se ponen a planificar, diseñar, crean estrategias y nunca hacen nada. Pero, como ya hemos visto, en el primer libro de la saga, tú planificas de forma diferente, escribes tus objetivos y los cumples. Así que te voy a enseñar, a planificar como todo un emprendedor, para que puedas tener un norte y no perderte en el camino.

En la escuela, lo único que aprendí parecido a esto, es que existe un plan de marketing… Sí… Solo aprendí la parte teórica, no aprendí nada relacionado a emprender, ni aprendí tampoco, que a veces, por muy bueno que sea tu plan de negocio, no triunfa.

Esto último, lo he aprendido de una formación, que he hecho sobre empresas. Donde he logrado conocer, conceptos de la gestión empresarial, aplicados al mundo real.

Como emprendedor, no te debes romper la cabeza, en diseñar un plan de negocio perfecto. Lo que debes tener claro, son tus objetivos; aquello que vas a hacer, para sacar tu negocio adelante. Es ir haciendo y en el camino, ir mejorando las cosas.

El plan de negocio debe ser tu guía, para no cometer, los mismos errores de siempre. Debe servirte de recordatorio, de aquello que varias veces te ha salido mal; para así, cambiar la forma de hacerlo, logrando que ahora, salga bien.

Muchas veces, tenemos una mala relación de pareja. Luego tenemos otra, que tampoco funciona; y así sucesivamente, tenemos 5 relaciones más, que tampoco funcionan.

La misma historia, se repite una y otra vez. Pasa el tiempo y te preguntas ¿Será que el mundo está en mi contra?. ¿Por qué siempre me pasa lo mismo?. Esto sucede, porque cada vez que terminas, una relación que no funciona, no revisaste en ti, las cosas que podías hacer mejor y diferentes. ¿Qué es lo que vas a cambiar en la próxima?. ¿Hay algo malo que estés haciendo y siempre lo repites?.

Esto también ocurre, con los planes de negocio. Muchos dueños de negocio, solo piensan en el año siguiente, cuando la información importante, se encuentra en el año que pasó. Para poder cambiar tu futuro, debes estudiar tu pasado; saber las cosas que hiciste bien, los resultados obtenidos; así como también, las cosas que hiciste mal.

Debes darle una calificación al año, en función al porcentaje de objetivos, que escribiste al comienzo del año, que ahora has

alcanzado. Por ejemplo, si cumpliste menos del 40% de tus objetivos, ese porcentaje te está diciendo algo. Te dice, que debes mejorar tu esfuerzo, que quizá debas cambiar tu estrategia, o que tal vez, te falte conocimiento.

Muchos, son los que dicen que bajarán de peso, pero nunca lo hacen. Buscan culpar a factores externos, cuando en realidad, la responsabilidad es de ellos. Falló el esfuerzo y el compromiso, no se entregaron por completo, por ende, no lograron los objetivos. Tú debes concentrarte, en lo que puedes controlar y mejorar, no pierdas el tiempo, culpabilizando a otras cosas.

Todas las áreas de tu vida, están conectadas con tus negocios. Por eso, a la hora de escribir los objetivos, que tienes para este año en los negocios, debes tener en cuenta, los objetivos de todas las áreas de tu vida. Si por ejemplo, vas a hacer un Pitch Deck, pero minutos antes, discutiste con tu pareja: no vas a estar bien, tu ánimo estará afectado y te costará, conectar con los demás. Si tu salud está fallando, tus relaciones fallarán y tu negocio, también.

Evalúa, todas las áreas de tu vida, durante el año pasado; mira en detalle, lo bueno y lo malo. ¿Qué habrías hecho diferente?. ¿Qué cosas no funcionaron?. ¿Qué cosas puedes cambiar?.

¿Comiste muchos azúcares?. ¿No hiciste suficiente ejercicio?. Responde con la verdad, porque cuando sabes tu verdad, eres capaz de cambiar; y cuando eres capaz de cambiar, puedes alcanzar la libertad financiera.

Ver que dijiste, que lo ibas a hacer y no lo hiciste, duele mucho. Te sientes fatal, pero si eres capaz de superar esto, para cumplir

de verdad; entonces eres capaz, de llegar lejos en los negocios.

Toma una hoja, escribe objetivos concretos; por ejemplo, quieres ganar más de 4 mil euros al mes, o deseas ahorrar 100.000 euros. No importa el número, lo importante es que sea concreto y lo escribas. Lo mismo con las relaciones, escribe si quieres tener hijos. Igual en la salud, escribe objetivos concretos.

Una vez escritos los objetivos, debes escribir lo que debes cambiar, en las distintas áreas. Puede ser que para ganar, más de 4 mil euros al mes, necesites mejorar tu sistema; quizá tengas que contratar a más personas, para que las actividades del negocio, se multipliquen y pueda entrar, más cantidad de tu producto al mercado. Escribe lo que necesitas cambiar, sé lo más específico posible.

Lo siguiente, es definir el modo de hacer las cosas, para lograr estos objetivos. Debes crear tu fórmula matemática. Si hago X tantas veces, ganaré X cantidad de dinero. Define lo que debes hacer, para generar la cantidad de ingresos que deseas. Establece, la cantidad de producto que debes vender, para lograr el objetivo de ganancias, que escribiste previamente.

Cuando termines de escribir todo esto, quiero que lo pases a limpio. Escríbelo de una forma, que todo cuadre, en una sola hoja. ¿Recuerdas cuando te enseñé, a hacer el tablero de visualización?. Pues con el plan de negocio, haremos lo mismo. Lo vas a enmarcar y lo mirarás todos los días, para asegurarte de que estás cumpliendo, contigo mismo.
Añade también, hábitos que vas a tener, relacionados con cada objetivo. Por ejemplo, si quieres que te vaya mejor en el dinero,

debes tener el hábito, de manejar bien tu dinero; si quieres bajar de peso, debes tener el hábito, de hacer ejercicio. Esto te ayudará, a disfrutar del proceso y a cumplir, con tus objetivos.

Para poder cumplir, con los objetivos en tu negocio, debes empezar fijándote, un propósito en la mente. ¿Quieres ser el mejor en tu nicho de mercado?. Pues tenlo siempre presente y ve cumpliendo pequeños objetivos, que poco a poco, te van acercando a la cima.

¿Recuerdas lo que debemos poner en un Pitch Deck?. Esos puntos, deben estar en el plan de la empresa. El plan de empresa, es lo último que se hace. Cuando empiezas tu negocio, lo primero que debes hacer, es poner a prueba tu producto. Debes ver, si hay buena demanda, si logras llegar a los clientes y si de verdad, tiene viabilidad. Una vez ya lograste medir eso, entonces, puedes escribir tu plan de empresa:

- **Resumen ejecutivo**: Es lo último que haces, aquí presentas un resumen, de todos los puntos, que mencionaré a continuación.
- **Propuesta de valor**: ¿Qué ofrece tu producto?, ¿cómo llega al cliente?, ¿qué problema resuelve al consumidor?.
- **Modelo de negocio**: Debes escribir como opera tu negocio, y la forma de obtener los ingresos. ¿Es un modelo basado en suscripción?, ¿Venta directa?, ¿Marketplace?, ¿Cuál es la estructura de costes?.
- **Mercado**: Especifica lo que hay actualmente en el mercado, como es el crecimiento, investiga datos históricos, describe a la oferta y la demanda.
- **Ruta al mercado**: ¿Cómo vas a entrar al mercado?. ¿Qué

nicho de mercado estás abarcando?.

- **Equipo:** ¿Quiénes son ustedes?. ¿Son las personas indicadas, para llevar este negocio adelante?.
- **Tracción:** Objetivos logrados hasta ahora.
- **Proyecciones:** ¿A dónde quieres llegar?.
- **Finanzas:** Debes examinar, las métricas de tu negocio, el coste por adquisición, churn rate, etc. También debes incluir, tu balance de situación, la cuenta de pérdidas y ganancias, y sobre todo, los flujos de caja.

Ahora quiero que aprendas, lo que es un análisis DAFO; y como esta herramienta, puede ayudarte en tu negocio.

El análisis DAFO, es una herramienta que nos permite, saber la situación actual de nuestro negocio, para luego poder implementar, nuestra estrategia. Esto es clave, para cualquier negocio. Toda empresa, debe hacer su propio análisis. Te ayudará a tener mayor claridad, a la hora de determinar, la estrategia de marketing que usarás.

El error que comete la gran mayoría, es querer poner en marcha, una estrategia de marketing, sin antes haber hecho el análisis DAFO; como resultado, terminan perdiendo dinero.

Puedes hacer un análisis DAFO, del producto o servicio que vendes. Puedes optar por hacer un análisis DAFO, en marketing. Con este análisis, podemos identificar lo que hacen nuestros competidores y así, poder replicar su éxito; como también, identificaremos sus debilidades, lo que nos permite poder aprovecharlas, para ser mejores que ellos.

Ten claro lo siguiente:

DAFO significa: Debilidades - Amenazas - Fortalezas -

Sé un emprendedor de éxito

Oportunidades.

Si eres un emprendedor, que está empezando a crear su marca personal, puedes aplicar un DAFO personal. Con esto podrás saber, cuales son tus fortalezas, debilidades, amenazas y oportunidades, que te servirán para destacar en tu sector. Cuando sabes tus debilidades, ya tienes presente, las cosas que debes mejorar. Quizá no eres muy bueno, haciendo videos o teniendo un buen perfil de Instagram, entonces en ese caso, te conviene aprender, ambas cosas.

ATENCIÓN, antes de aplicar esta herramienta en tu empresa, debes realizar un análisis del entorno y de la empresa. En otras palabras, debes hacer un análisis externo e interno, de tu negocio.
Vayamos pues, a ver como se hace, un análisis externo.
Para el análisis externo de una empresa, debemos tener en cuenta, el macroentorno y el microentorno.

Para analizar el **macroentorno**, haremos un análisis PESTEL; que nos permite identificar los factores externos, que influyen en la empresa. Estos factores, vamos a analizarlos, tanto en el país, como en el sector.
PESTEL:
- **Políticos:** Situación del país, leyes, política de gobierno.
- **Fiscales:** Normativa tributaria (impuestos).
- **Económico:** Economía del país, tipo de cambio, PIB, ciclo económico, exportaciones, importaciones, inflación.
- **Socio culturales:** Demografía, estilo de vida, hábitos de la gente, educación.
- **Ecológicos:** Leyes sobre protección al medio ambiente, uso de energías.

- **Tecnológicos:** Gasto en I+D, uso de dispositivos móviles, tecnología que se usa.

En el análisis del microentorno, lo que se busca es analizar el sector, donde se encuentra la empresa, de forma detallada. Para esto, debemos usar, "Las 5 Fuerzas de Porter".

Competidores del sector: Son todas las empresas, que cubren las mismas necesidades, que nuestro negocio.

Debemos analizar: El número de competidores y su tamaño, el crecimiento del sector, sus campañas de marketing, en que se diferencian sus productos, costes fijos y barreras de salida.

Competidores potenciales: Son todas las empresas, que no están en el sector, pero pueden llegar a entrar.

Debemos analizar: Barreras de entrada, en que se diferencian sus productos, barreras legales, capital necesario para entrar en el sector.

Productos sustitutivos: No son solamente, los productos de nuestra competencia, son también, los productos diferentes al nuestro, pero que dan la misma solución.

Debemos analizar: en que se diferencian sus productos, grado de sustitución de los productos, es decir, que tan fácil es sustituirlo, diferencias de precios.

Poder de negociación de los proveedores: Hay que analizar, que poder tienen los proveedores, en el sector de tu negocio. Ya que de ello dependerá, en gran medida, tu cadena de producción.

Debemos analizar: número de proveedores y su tamaño, en que se diferencian los unos de los otros, costes de cada proveedor.

Poder de negociación de los clientes: Nosotros vamos a medir el poder de los clientes, por su número y tamaño.

Ahora pasamos al análisis interno. Lo que se hace en este caso, es analizar las capacidades y recursos que tenemos, para enfrentar a nuestros competidores. El análisis interno, nos ayuda

a identificar, la forma de usar nuestros recursos, para hacer frente a nuestra empresa. Si hablamos de crecimiento interno, es el aumento de capacidad productiva. Tanto el análisis interno, como el crecimiento interno, tiene que ver con lo que tiene la compañía, para ganarle a la competencia.

	RECURSOS	CAPACIDADES
RyC UMBRAL	Recursos necesarios mínimos para competir	Capacidades necesaria mínimas para competii
RyC Fuente de VC	Recursos únicos. Recursos que son valiosos, escasos e inimitables	Capacidades únicas. Capacidades que son valiosas, escasas e inimitables

Cuando tienes un negocio avanzado, y estás trabajando siempre, en mejorar los sistemas, viene muy bien, analizar las secciones de la empresa, para medir, que tan bueno es el rendimiento. Para esto analizaremos, los recursos tangibles e intangibles, de la empresa.

Los recursos tangibles, son como los activos corrientes, tienen mayor liquidez, en nuestra empresa. En cambio, los recursos intangibles, no tienen tanta liquidez; estos suelen ser, recursos tecnológicos de la empresa, maquinaria, organización empresarial y el personal que la conforma.

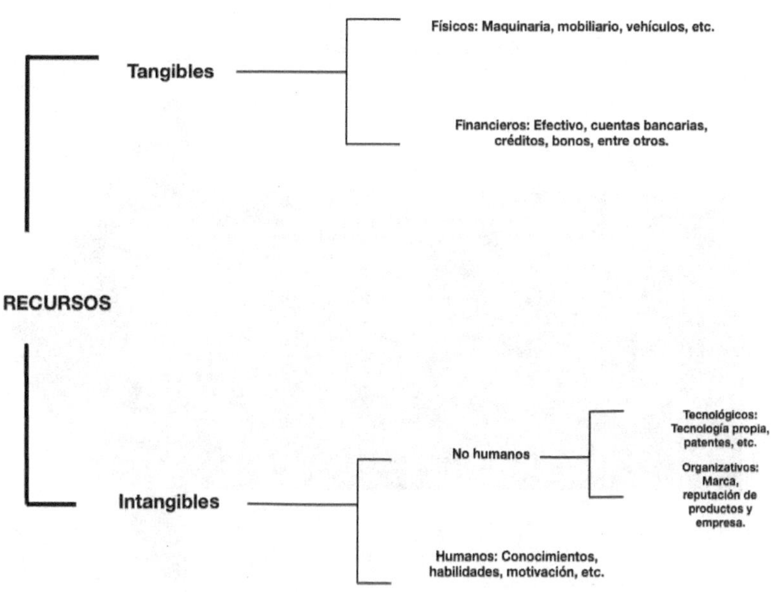

En este escalón del análisis interno, lo que buscamos es ver, si podemos usar menos recursos, para conseguir el mismo objetivo.

Sé un emprendedor de éxito

Buscamos gestionarlos mejor, para poder tener mayores ingresos. Por ejemplo, en el día a día, tú puedes dejar de gastar dinero, por comer en restaurantes, si te preparas la comida. El dinero que te ahorrarías, lo puedes invertir en educarte como emprendedor y en tu negocio.

Luego podemos pasar a usar, la cadena de valor de Porter. Aquí lo que se busca, es analizar las actividades básicas, que se tienen que hacer, para poder vender el producto. Según Porter, podemos dividirlas en actividades de soporte y actividades primarias.

CADENA DE VALOR DE PORTER

Ahora sí que podemos, pasar al análisis DAFO; donde deberás identificar, las debilidades, fortalezas, amenazas y oportunidades, dentro de tu empresa.

Sé un emprendedor de éxito

<table>
<tr><td>DEBILIDADES</td><td>FORTALEZAS</td></tr>
<tr><td>Factores internos que limitan el crecimiento de la empresa</td><td>Factores internos en los que la empresa tiene una ventaja competitiva y que permitirán sacarle más rendimiento a las oportunidades o a superar las amenazas</td></tr>
<tr><td>Factores externos del entorno o competencia que pueden dificultar a la empresa alcanzar sus objetivos</td><td>Factores externos que pueden otorgar a la empresa una ventaja competitiva</td></tr>
<tr><td>AMENAZAS</td><td>OPORTUNIDADES</td></tr>
</table>

- **Debilidades:** Escasos recursos financieros, mala imagen, costes altos, poca capacidad productiva, falta de enfoque, etc.
- **Amenazas:** Mucha oferta en el mercado, competidores, barreras legales, consumidores con hábitos cambiantes, precios muy competitivos, etc.
- **Fortalezas:** Experiencia en los negocios, disciplina, buen alcance en redes sociales, etc.
- **Oportunidades:** Poder vender por internet, llegar a más países, etc.

Podríamos ir más a fondo, para seguir viendo, distintos tipos de análisis, que se usan en la gestión empresarial. Pero complicaríamos mucho todo y estaríamos hablando, de temas

más avanzados. Considero que hay personas, con muchísima más experiencia que yo, que pueden explicar mejor este tema. Estas herramientas, que acabamos de ver, te van a servir, para analizar en profundidad tu negocio.

Ahora quiero que vayamos, al manejo del dinero. Si tú quieres alcanzar la libertad financiera, debes estar siempre pendiente de tus cuentas. Si no tienes un buen manejo del dinero, nunca serás rico. No importa, si tienes poco o mucho dinero… Si tienes el objetivo, de ser libre financieramente, debes llevar un control de los ingresos y gastos que tienes. Puedes tener mucho dinero y perderlo todo; o puedes tener poco dinero y nunca tener mucho… Esto va a depender, de que tan bueno seas, usando tu dinero.

Hagamos un pequeño repaso, antes de revelarte los secretos, que te harán manejar mejor tu dinero:

- Todo emprendedor, necesita planificar lo que va a hacer. Debe tener claridad de sus objetivos.
- El plan de negocio, debe ser tu guía, para no cometer, los mismos errores de siempre.
- Para poder cambiar tu futuro, debes estudiar tu pasado. Saber lo que hiciste en los negocios, durante el año. Analizar lo que se hizo bien y mal, además de los resultados generales obtenidos.
- Tu negocio está conectado, a todas las áreas de tu vida. Los objetivos, en el ámbito personal, también influirán.
- Puedes elaborar, un análisis DAFO de la empresa, que va a complementar, tu informe ejecutivo. Con ello sabrás, en que situación competitiva, se encuentra tu empresa.
- Para analizar el macroentorno, haremos un análisis PESTEL,

que nos permite identificar, los factores externos, que influyen en la empresa.

- En el análisis del microentorno, lo que se busca es analizar detalladamente, el sector donde se encuentra la empresa. Para esto, debemos usar, "Las 5 Fuerzas de Porter".

Recuerda que el dinero, es una herramienta, que si sabes usar, es muy poderosa. No tengas miedo, ya sé que es un poco tedioso, cumplir con esta labor. Pero una vez entras en la inercia, de estar siempre observando, lo que haces con tu dinero, todo es más automático y no te costará hacerlo. ¿Estás preparado? ¡Vamos a ello!.

 # Maneja tu dinero

"El rico se enfoca en su columna de activos, mientras que todos los demás, se enfocan en sus columnas de ingresos." - **Robert Kiyosaki.**

Querido lector, estamos ahora mismo, en un capítulo muy importante de este libro. Vas a aprender, a manejar tu dinero; aprenderás que tu libertad financiera, dependerá de tu compromiso. Si te comprometes a prestar atención, en como gastas el dinero y en donde lo inviertes, alcanzarás la libertad financiera. Quiero que entiendas, que los ricos manejan su dinero y los pobres, no.

Los pobres, esperan a que la solución les caiga del cielo; en cambio los ricos, buscan la solución y si no la encuentran, la crean. Muchos tienen la creencia, de que por no tener dinero, no es necesario llevar un seguimiento, sobre su uso. Esto es mentira, porque si no tienes dinero y no tomas conciencia, nunca tendrás libertad financiera.

Si quieres seguir siendo pobre, es muy fácil; solo debes seguir gastando, más de lo que tienes, seguir perdiendo tu tiempo y

culpando a otros, de tus problemas. ¿Quieres tener libertad financiera?. Pues te invito, a que te quedes leyendo este capítulo, porque vas a aprender, que para poder cambiar tu situación financiera, debes cambiar tú. Si tú no cambias, nada cambiará. El dinero es tu amigo, no está para hacerte daño, sino para ayudarte. Ahora mismo, lo tienes todo para llegar muy lejos; has adquirido habilidades, estás adoptando la mentalidad adecuada… Todo está saliendo bien. Confía en ti y sigamos en este camino, rumbo a la libertad financiera.

Como dijo Robert Kiyosaki, en su famoso libro, "Padre Rico, Padre Pobre", hay que aprender a diferenciar, un activo de un pasivo… y adquirir activos.

En contabilidad, el activo y el pasivo, son pilares que constituyen, el balance general de una empresa. El activo, se conoce como el conjunto de bienes y derechos, que son propiedad de la empresa o individuo, que pueden ser convertidos en dinero. Un activo, puede ser mobiliario, acciones de una empresa, productos que vendes, etc. El pasivo, se conoce como el valor monetario, que en total suman, todas las deudas de la empresa o individuo.

En otras palabras: El activo, es algo que tienes y el pasivo, es algo que debes. El activo, te da dinero, porque puedes venderlo, tiene un valor, no debes estar siempre gastando en él. Por ejemplo, si tienes acciones en una empresa, eso te da dinero. El pasivo, te quita dinero, son deudas, un préstamo bancario, una hipoteca, incluso una casa o un coche, pueden llegar a ser pasivos.

El mayor problema, que tienen las personas, es que no saben, lo que es cada cosa; piensan que un crédito bancario, es bueno; cuando en realidad, lo que están haciendo, es ponerse un cuchillo

en el cuello. La gran mayoría, olvida la importancia, de adquirir activos. Siempre se confunden, piensan que están adquiriendo un activo, pero lo que adquieren, es un pasivo.

Las personas, tienden a aumentar sus gastos, en la medida, que van incrementando sus ingresos. Van ganando más dinero, y por tanto, van gastando más. Como diría Kiyosaki, entran en la carrera de la rata. Da igual, si estás ganando más dinero; si tienes ese mal hábito, de aumentar tus gastos, en función de tus ingresos, nunca serás libre financieramente. Es algo así como echarle, más leña al fuego.

¿Pero los ricos, no gastan más?. ¡NO!. Cuando te comprometes, a sacar adelante tu negocio, no gastas. Agarras todo tu dinero y lo inviertes ahí; si tienes que dejar de ir al cine con tu pareja, dejas de ir y punto. Los ricos, no andan gastando, como muchos piensan; los lujos que llegan a darse, son gastos que no repercuten, directamente en sus ingresos; lo hacen cuando han logrado construir, un gran patrimonio. Te apuesto que hay muchos millonarios, que gastan menos que tú, porque ellos saben usar el dinero. Lo que tienen, lo invierten en su negocio.

Es importante que entiendas esto: el dinero que vas ganando con tu negocio, debes invertirlo en él.

Muchas veces, no necesitamos educarnos, en como hacer dinero; lo que sí necesitamos, es aprender a gastarlo. Hay personas muy buenas haciendo dinero, son buenos vendedores, invierten bien, saben ver buenas oportunidades, pero son muy malos manejándolo. Quieren ser millonarios, buscando formas de ganar dinero, cuando ya las tienen todas, pero lo que les falta, es

USAR LA CABEZA y no gastarlo en tonterías. Necesitas adquirir aptitud financiera, saber que hacer con el dinero, evitar que otros te lo quiten, saber el tiempo que lo vas a conservar y hacer que ese dinero, trabaje para ti.

Cuando yo iba a la secundaria, comencé a preocuparme más, por mi futuro y situación económica. Estaba rodeado de gente, con mentalidad mediocre. Estudiaba en una escuela, donde los profesores y alumnos, tenían el mismo pensamiento pobre. Celebraban el día de paga, y más si caía viernes, porque sabían que durante el fin de semana, iban a gastar todo lo que tenían. Así, al llegar el día lunes, ya no tenían nada.
Son esclavos de su propia ignorancia, no abren los ojos, para ver que hay que invertir, en educación financiera. Mi padre, por aquel entonces, me regaló el libro, "Padre Rico, Padre Pobre"; logré ver las cosas, desde otro punto de vista. Observaba, como la gran mayoría, eran simples mentes cerradas.

Mis compañeros, que supuestamente tenían mucho dinero, nunca tenían para comer en el colegio… Además que la comida, era muy costosa. Algunos tenían 4 hermanos, lo que significaba multiplicar los gastos, 4 veces más. Hay que quitarse la creencia, de que al ganar más, debes gastar más. Incluso, me atrevo a decir, que si empiezas a ganar más dinero, debes comenzar a gastarlo menos, manejarlo más, e invertirlo mejor.

Si de verdad, quieres manejar bien tu dinero, debes comenzar, por dejar de seguir a las masas. Los que tienen problemas financieros, son aquellos que hacen, lo que todo el mundo hace. La gente siempre dice, que tu casa es tu mayor activo, que debes conseguir un empleo y que no debes correr riesgos.

Sé un emprendedor de éxito

Tu casa, no es tu mayor activo, es tu mayor pasivo. ¿Te da dinero tu casa?. Debes pagar agua, electricidad, mantener el jardín, arreglar lo que se dañe, pintarla, cambiar las luces, limpiarla, etc. La única forma, de que una casa sea un activo, es que la pongas en alquiler, o seas un inversor en bienes raíces, que compra y vende casas. Si solo vives en ella, pues lamento decirte, que te han mentido, todo este tiempo.

Ahora eres una persona, que puede superar cualquier temor, por lo tanto, no debes estar haciendo, lo que los demás hacen. Debes hacer, aquello que te lleve, a ser libre económicamente.

Pregúntate: ¿Si dejo de trabajar, cuántos días sobreviviré, con el dinero que tengo?.

- *"Los ricos, adquieren activos".*
- *"Los pobres, solo tienen gastos".*
- *"La clase media, construye pasivos, pensando que son activos".*

¿Sabes cuál es la emoción, que la gran mayoría de las personas sienten?: La falta de abundancia. Por mucho que tengas, el dinero no te dará una mentalidad abundante. Eres tú, quien decide a pesar de todo, tener una mentalidad abundante y sentirte próspero. No importa, tu situación económica actual, si adoptas mentalidad y emociones de abundancia, vivirás en abundancia.

Por eso estás aquí, para aprender a amar al dinero, a gastarlo y a conservarlo. Si no tienes abundancia en tu vida, es por falta de compromiso. No te has comprometido lo suficiente, en gestionarlo como se debe. No te has comprometido lo suficiente,

en tu salud, ni en tener buenas relaciones.

Si por ejemplo, no tienes una buena relación con el dinero, no te sientes en paz, etc., te va a fallar todo en la vida. Nosotros necesitamos, que las cosas estén en armonía, por eso mucha gente, no tiene abundancia. Porque les falta el equilibrio necesario, para manifestar prosperidad en sus vidas. Debes tener un firme compromiso, con tu dinero, salud y las relaciones.

Si ahora mismo, vas donde un desconocido, de forma desesperada, a pedirle que se case contigo y que te ame para siempre, aceptando todo tu infierno; lo más probable, es que piense que estás loco/loca, por tanto, te rechazará. Lo mismo pasa con el dinero, si lo persigues siempre y actúas de forma desesperada, el dinero huirá de ti, a toda costa. Al dinero, no le gusta la escasez. Recuerda que todo es energía, si proyectas una energía tan baja, como lo es la pobreza, el dinero nunca llegará a ti. Asegúrate de hacer, las paces con él. Recuerda que es tu amigo.

¿Sabes qué puede llegar a parecer increíble?. Cuando tienes un compromiso fuerte, como en este caso es tener, una buena gestión monetaria y alcanzar, la libertad financiera, no sientes escasez. Donde hay compromiso, no hay escasez. ¿Entiendes?. Quiero que te grabes esto en la cabeza. Tú, necesitas la sensación de abundancia, que hemos trabajado, a lo largo de esta saga y que en este punto, ya deberías tener adaptada a ti.

¿Te está fallando algo?. ¿Te fallan tus ahorros?. Entonces, te está fallando el compromiso. Seguramente te preguntas, ¿qué demonios es el compromiso?. El compromiso, es seguir con tu plan, a pesar de no ver, resultados físicamente. En otras palabras,

seguir en el camino del éxito, a pesar de tener obstáculos en el camino.

<u>Pregúntate y escríbelo en una hoja: ¿Cuál es mi compromiso real, con mi gestión de ingresos y gastos?. Quiero que pongas una calificación del 1 al 10.</u>

Si es un 5, 6 ó 7, es que algo va mal. Ahora mismo, ya sabes que debes tener un compromiso, de 10. Tener un compromiso por debajo de 10, es una desgracia. Es como si vas ahora mismo, a donde tu pareja y le dices, que le has sido fiel, un 70%. Cuando tienes una relación, debes ser 100% fiel; lo mismo con el dinero, tu compromiso del 1 al 10, debe ser un 10. Tener un compromiso de 10, te da una razón para vivir; la razón que necesitas al levantarte, para que luches por tus sueños. Tener un compromiso de 10, es como vivir con un propósito, cuando vives con él, tienes la felicidad garantizada.

NO VUELVAS A QUEJARTE. Los pobres, se quejan de los problemas; los ricos, buscan la solución y los resuelven. Si te quejas, tendrás pobreza. Lo malo de estar rodeado, de gente con mentalidad pobre, es que siempre te dan la razón, cuando te quejas. Y yo, que quiero lo mejor para ti, no vengo a darte la razón, para que dejes de llorar; estoy aquí, para que obtengas resultados. Cuando tengas una situación, donde las cosas no van como esperabas, pregúntate: ¿Cómo hago, para que no me vuelva a suceder?.

Si eliminas la queja, ya vives en abundancia.

¿Sabes otro factor, que te hace gastar el dinero de forma rápida?. La falta de claridad. No tienes definidos los resultados, que deseas en la vida.

<u>Escribe la meta que deseas económicamente, escribe un resultado concreto:</u>

<u>Táchalo y multiplícalo por 2. Si te sientes peor ahora, es que estás viendo ese resultado, desde el miedo. Usa el miedo, como fuente de inspiración y trabaja, por conseguir esa meta.</u>

Los deseos del corazón, son los que tú piensas y te hacen feliz; son los que tienes plasmados, en tu pizarra de visualización. En cambio, los deseos del ego, no te hacen sentir bien. No persigas el dinero desde el ego, ámalo desde el corazón. No te preocupes si todavía no sabes, como lo ganarás; primero comprométete y luego, el resto irá surgiendo.

De nada te sirve, querer superarte en lo económico, pero no saber la diferencia, entre un activo y un pasivo. Como tampoco funciona, querer ser libre financieramente, pero no aplicar lo que sabes. El dinero, no sale de los bancos; el buen dinero, debe salir de la mente.

<u>Pregúntate: ¿Qué es lo que todavía no sabes, acerca del dinero y los negocios?. Búscalo en los mejores libros, en internet… ¡Aprende!.</u>

Pon tus dones, al servicio de la humanidad. Si eres bueno vendiendo, cocinando o en cualquier otra cosa, comienza a cobrar por ello. Recuerda que la clave, para ganar dinero, está en aportar valor. No te compares con los demás, no eres menos que nadie. Tú eres grande.

Las personas, no se dicen la verdad, en materia económica. Se engañan, pensando que están ganando mucho dinero, y

gastando poco. Ahora es el momento, de decirte la vedad; porque es ahí, cuando comienzas a administrar bien tu dinero y en consecuencia, empiezas a vivir en riqueza.

- Haz un excel, de tu balance mensual. Suma todos los ingresos, todos los gastos y luego, réstalos.
- Haz un balance de activos y pasivos.
- Haz un balance anual, de todo lo que has ganado y gastado.
- Toma tus ingresos reales (sin impuestos); réstale, todo lo que has gastado, luego divide, entre el número de horas trabajadas.
- Calcula lo que gastas, por usar tu coche, (gasolina, aceite, etc.).
- Ten un sobre, donde guardes todos los recibos y luego, pásalos a la hoja de excel.

¿El resultado fue un número negativo?. Pues creo que ahora mismo, ya entiendes la importancia, de tener un fuerte compromiso, con el dinero. ¡Así que manos a la obra!.

Si quieres que te diga, una forma para comenzar a sentir abundancia en tu vida, estás en el sitio correcto. Lo que debes hacer, es sentir alegría y felicitar, la abundancia ajena. No seas como los pobres, que siempre se quejan de los ricos. Tú, los vas a bendecir. Entiende que la envidia es una decisión, no debes sentir envidia por nadie.

Otra forma de sentir abundancia, es que vayas una vez al mes, a un restaurante de lujo y pidas, lo más barato que tengan. Siente que eres un cliente frecuente, visualiza lo que quieres en tu vida, siente que toda esa abundancia, es parte de tu vida.

Sé un emprendedor de éxito

9

Reto: Durante un mes, no dirás: "No puedo". ¿Cómo que no puedes?. ¡Claro que sí puedes!, déjate de excusas. ¿Acaso estás en la cárcel?. Cuando dices: "no puedo", niegas la abundancia. La abundancia, viene de nuestro interior, no de afuera. Es importante entender esto, para que puedas usar a tu favor, los sistemas prácticos y fáciles, que te voy a revelar, para que manejes bien tu dinero.

Ve a un círculo social y sé la persona, que menos tiene. Verás cuál es tu realidad. No te puedes mentir, ni saltarte los pasos, que te mencioné anteriormente.

Procura aumentar el valor, que das en tu profesión, da valor gratis. Debes dar más valor, de lo que esperan de ti. Debes dar, sin esperar nada a cambio, porque cuando lo haces, la vida te lo dará de vuelta. Dar, es vivir en abundancia.

En mi caso, procuro siempre dar lo mejor de mí, en redes sociales. Toda la información que brindo, es gratis. Tengo mi canal de YouTube, mi podcast en Spotify, donde estoy enseñando a la gente, a tener éxito en los negocios. Lo hago, porque quiero que ellos, sean parte de mi proceso de crecimiento personal y así, todos podemos crecer juntos. Cuando algún amigo, me pide ayuda en su negocio, no le cobro; porque quiero ayudarle y a la vez, aprender de él. No busco aprovecharme, busco aportarle valor, porque sé que en un futuro, podemos llegar a hacer negocios.

Te recomiendo, hacerte experto en un área en específico... Y ¡sé el mejor en ello!. No seas alguien genérico, como todos están acostumbrados. Por ejemplo, puedes ser desarrollador de software, o experto en marketing online. La gran mayoría,

Sé un emprendedor de éxito

tienen profesiones genéricas, como abogado, doctor, fontanero, periodista, etc.

Como emprendedor, es bueno que sepas un poco de todo, ser un todoterreno; pero debes ser muy bueno en lo tuyo. De nada te va a servir, que sepas de todo, pero no seas bueno en algo. La gente te pagará más, por ser un experto. Van a preferir tu producto/servicio, ya que estarás aportando, un valor REAL.

Hay que tener unos conceptos básicos, de las fases que debes superar en el dinero. Debes entender que tenemos: empleados, autónomos, empresarios e inversores. Si eres empleado, es complicado que te hagas millonario; en cambio, si superas cada fase, es muy probable que lo seas. Si ahora mismo, eres empleado, deja de cobrar un sueldo y comienza a cobrar por resultado.

Le aportarás más valor a la empresa, comenzarás a ganar más dinero y podrás ahorrarlo, para invertir. Un autónomo, vende servicios, productos o consultorías. Pero el problema está, en que caen en la trampa, de vender su tiempo; es decir, se convierten en empleados, sin darse cuenta. Donde se debe poner mayor foco, es en ser empresario y luego inversor. Un empresario, genera y coordina sistemas; el inversor, no crea sistemas, solo coordina conocimiento y dinero; hace que el dinero, trabaje para él.

Como te dije en el capítulo anterior, debes hacer que el dinero, trabaje para ti. Debes pasar de cobrar un sueldo, a facturar; de facturar, a tener un buen patrimonio.
Pero solo se llega a esto, sabiendo manejar el dinero y diciéndote la verdad. Mira siempre tus ingresos y gastos, date cuenta de lo que haces.

Sé un emprendedor de éxito

Hábitos para tener mejor gestión del dinero:

- **Sé proactivo:** Toma la responsabilidad de tu vida, ejercita la habilidad de escoger tu respuesta, ante cualquier estímulo.
- **Ten un propósito en mente:** El liderazgo personal, indica la necesidad de comenzar cada día, con un claro entendimiento de tu dirección. Es importante que tengas claro, lo que quieres conseguir.
- **Pon primero, lo primero:** No pierdas tu tiempo en tonterías. Enfócate, en controlar tus gastos.
- **Auto renovación:** Busca hacerte mantenimiento, mejorar.

Ahora quiero, que veamos la diferencia, entre tareas urgentes y tareas importantes. Urgente, significa lo que exige tu atención ahora; es una cualidad asociada al tiempo. Aumenta, en la medida que queda menos tiempo; en función, del tamaño de la tarea y la fecha límite, para hacerla. Si dos tareas, toman el mismo tiempo realizarlas, la más urgente, es la que tenga vencimiento antes.

Si dos tareas, tienen la misma fecha de caducidad, la más urgente, es la que te lleve más tiempo hacer. Una tarea urgente, que no tiene fecha límite, nunca será urgente.
Una tarea importante, se asocia a las consecuencias. Aumenta su importancia, si las consecuencias por fracasar, son mayores. Una tarea solo es importante, si las consecuencias que tendremos al no hacerla, son graves para nosotros… Y no vale exagerar.

Una forma muy eficaz y práctica, para manejar tus tareas, es usando: la matriz de manejo del tiempo. Consiste en una forma de dividir, la actividades de la vida diaria, en cuatro cuadrantes.

Esto te ayudará, a organizar las tareas, tanto en tu negocio, como

a nivel personal.

¿Esto qué tiene que ver, con el manejo del dinero?. El tiempo y el dinero, están muy relacionados. Si uno falla, los dos fallan. Necesitas dinero, para tener tiempo; y necesitas tiempo, para saber manejar tu dinero. Cada mes y cada semana, necesitas estar haciendo un recuento, de todos los gastos que has hecho; de lo contrario, se te acumulará todo y perderás tu norte; ya que no sabrás, la cantidad de dinero que estás gastando.

Las tareas del primer cuadrante, son las que necesitan tu atención inmediata. Son actividades importantes, pero que has ido aplazando, hasta que se volvieron urgentes, lo que genera caos. Este cuadrante, genera estrés y cansancio. ¿Por qué tenemos

actividades en este cuadrante?. Por no haber tomado acción, ni haber planificado.

Las tareas del segundo cuadrante, son las importantes y no urgentes. Estas tareas no debes delegarlas, tienes que ocuparte de ellas. Aquí, buscas apuntar a largo plazo, debes planificarlas. Son tareas para desarrollar tu liderazgo y debes ejecutarlas, con calidad.

Las tareas del tercer cuadrante, son las no importantes y urgentes. Aquí, debes delegar y supervisar, que se ejecuten bien. Nos solemos confundir mucho aquí, ya que pensamos, que estamos en el primer cuadrante, pero en realidad, estamos satisfaciendo, las necesidades de los demás. Por ejemplo, contestar mails, llamadas, etc. Estas cosas, no están llenando tus expectativas, así que lo mejor es hacer, que otro las haga por ti.

Por último, en el cuarto cuadrante, nos encontramos lo no importante y no urgente. Estas son actividades de ocio, no tiene nada de productivo.

"Quien es adicto a lo urgente, siempre está pensando en endeudarse, para cubrir otras deudas, porque llevan un tren de vida, que sus ingresos no soportan".

Para analizar este problema, la herramienta que vamos a usar, es la matriz de administración del dinero.

Urgente:
- Renta.
- Hipoteca.
- Créditos bancarios.

- Pago de servicios públicos.
- Comida.
- Educación.

En este cuadrante, es donde están las cosas, que permiten, un determinado estándar de vida. Se les debe dedicar tiempo; los gastos se van a cubrir, con parte de los ingresos; de allí derivan, las necesidades de endeudamiento.

No urgente:
- Ahorros.
- Compra de vehículo.
- Compra de vivienda.

Este cuadrante incluye, las actividades económicas importantes, pero no inmediatas. Refleja que hay que planificar a largo plazo y anticiparse, a problemas económicos.

Urgente pero no importante:
- Comidas fuera de casa.
- Ocio.
- Gastos con la tarjeta de crédito.
- Compra de vehículos lujosos.

Este cuadrante se parece al primero, pero no lo es. Son gastos, que pueden llegar a ser urgentes, pero se pueden evitar, sin tener consecuencias negativas, sobre la forma de vivir. La mayoría de las personas, están dentro de este cuadrante.

No urgente y no importante:
- Vida social.
- Ropa cara.

Sé un emprendedor de éxito

- Alcohol.
- Viajes.

En este cuadrante, es donde se derrocha el dinero. Para muchos, la prioridad es ir al centro comercial y comprar todo lo que puedan, aunque no tengan mucho dinero. Esto no nos ayuda a progresar, destruye nuestra independencia económica.

Es importante, que tengas un equilibrio, con los 4 cuadrantes. Lo que implica, planear los gastos del cuadrante 1, para que tengas un margen, que te permita jugar con el cuadrante 2; y que te pueda dar la posibilidad, de poner un poco, en los otros dos cuadrantes siguientes. Si no sabes, como poner dinero en el cuadrante 2, te sugiero que revises tus gastos y finanzas, de forma general, para que encuentres los sobrantes.

"No ahorres, lo que te queda después de gastar. Gasta, lo que te queda después de ahorrar".

Nunca puedes tomar decisiones sobre el dinero, sin antes revisar tu cartera. ¿Cómo vas a comprarte un bolso de lujo, sin antes ver, lo que te quedará luego?. Por eso te doy unos números, que te servirán como guía, para destinar tus ingresos:
- 60%, a lo urgente e importante.
- 35%, al cuadrante 2 (ahorros).
- 4%, al cuadrante 3.
- 1%, al cuadrante 4.

¿Qué tipo de gastos solemos tener?. Es importante, que aprendas a diferenciarlos y te familiarices con ellos, para tener una buena gestión del dinero:

Sé un emprendedor de éxito

- **Gastos obligatorios fijos:** Es todo gasto imprescindible, para mantener a una familia. Son difíciles de negociar y modificar. Suelen ser: alquiler, seguridad social, hipoteca.
- **Gastos variables necesarios:** Son todos aquellos gastos, que la familia necesita, para desarrollar su vida diaria con normalidad; están determinados por el consumo. Se pueden ajustar y modificar, mediante los hábitos de consumo o eligiendo otro proveedor. Suelen ser: electricidad, móvil, artículos de limpieza, transporte, alimentación.
- **Gastos variables prescindibles:** Son gastos que nos hacen disfrutar; son gustos que nos damos, si la situación financiera, es favorable. Se puede llevar una vida tranquila, sin ellos: cine, restaurantes, partidos de fútbol, spa, estéticas, etc.
- **Gastos ocasionales:** Son los que se hacen, de vez en cuando. Estos suelen ser: mejoras de la casa, electrodomésticos y vacaciones.

<u>Pregúntate</u>: ¿En cuál cuadrante, pasaste el mayor tiempo, la semana pasada?. ¿Qué cosas importantes dejaste de hacer?. ¿Cuál actividad sabes, que si la desempeñas con todas tus capacidades y sin descanso, daría grandes resultados a tu vida?. ¿Por qué no lo haces?.

Todos debemos cumplir, con obligaciones económicas básicas, pero al mismo tiempo, debes pensar que necesitas ahorrar y destinar a buenos lugares, tu dinero.

Consejos para controlar tus gastos:
- Evita comprar productos, de más de 100 euros.
- Cuando vayas a hacer, la compra para la casa, apunta en una lista, los artículos que necesitas.
- Paga al contado.

Sé un emprendedor de éxito

- No pidas créditos, porque vas a terminar pagando muchos intereses. Si lo pides, que sea porque sabes, que podrás quitártelo pronto.
- Primero decide, si necesitas algo importante y cuando lo necesites, no mires el precio. Es mejor hacer pocas compras, pero que sean de calidad.
- ¿Cuál es el primer gasto que sueles hacer?. Por lo general, son los impuestos, hijos y automóviles.
- Nunca destines más del 25% de tus ingresos.
- ¿Por qué quieres tener un hijo, si no puedes mantenerte?. Ten en cuenta, que la media en España, es entre 5 mil y 25 mil euros al año, por hijo. Es decir, que dependiendo de tus ingresos, terminarás con saldo negativo, a final de año.
- Pregunta solamente al que sabe. Cuando contrates un servicio, contrata a un experto.
- Lleva siempre dinero abundante en el bolsillo, nota la sensación de abundancia, siente que eres millonario.
- Haz tus presupuestos, en términos anuales.
- Acaba con tus deudas y alcanza el objetivo, de que se paguen solas; que esto sea gracias, a los buenos ingresos que recibes, de tu propio negocio y gestión monetaria.
- Haz un balance de activos y pasivos, ingresos y gastos. Realízalo, el primer lunes, de cada mes.
- Mira tus cuentas bancarias diariamente; siente que cada día, se está moviendo y recibes dinero. Consigue este hábito, sin importar, cuanto dinero tengas. El millonario, siempre ve sus cuentas.
- Paga lo antes posible; devuelve todo lo que no es tuyo.
- Si vas a dar dinero, que sea una cantidad, que no signifique algo grande para ti, piensa que va a ser una donación.

Sé un emprendedor de éxito

Vamos a ver, varias formas que puedes usar en casa, para administrar mejor tu dinero. Como ya te he dicho, los ricos son expertos, manejando su dinero. Ser rico, es cuestión de hábitos; tú, debes cultivar el hábito, de cuidar tu dinero. Si quieres tener más dinero del que tienes, debes empezar por administrarlo. No gastarás, hasta que demuestres, que sabes manejar tu dinero.

<u>El sistema de las 6 cuentas bancarias:</u> Con el uso de 6 cuentas bancarias, lo que haremos es dividir nuestro dinero, dependiendo del objetivo.

Cuenta 1: Libertad financiera.
- Destinamos: 10% de nuestros ingresos.
- Objetivo: Crear activos financieros.

Cuenta 2: Ahorros a largo plazo.
- Destinamos: 10% de nuestros ingresos.
- Objetivo: Liquidez.

Cuenta 3: Formación.
- Destinamos: 10% de nuestros ingresos.

Cuenta 4: Necesidades básicas.
- Destinamos: 55% de nuestros ingresos.

Cuenta 5: Ocio.
- Destinamos: 10% de nuestros ingresos.
- Objetivo: Lujos.

Cuenta 6: Donaciones.
- Destinamos: 5% de nuestros ingresos.

No hay cantidad mínima para empezar. Págate a ti mismo,

Sé un emprendedor de éxito

primero.

Ejercicios:
- Abre tu cuenta de libertad financiera ¡YA!.
- Puedes guardar tu dinero, en diferentes recipientes, donde pondrás una nota, para saber a que lo destinarás.
- Comienza a administrar con lo que sea, no importa si son 2 euros.

Tu edad, menos 20 = a lo que tienes que ahorrar, todos los meses. Es una forma de ahorro gradual, que te ayudará a tener dinero, a la hora de jubilarte. Ten en cuenta, que el sistema de pensiones, es una estafa; y no sabes, que decisiones, puede llegar a tomar el estado, en un futuro.

Sistema de las 52 semanas: Debes tomarlo como un juego, es un sistema de ahorro progresivo y gradual. El numero de la semana, es la cantidad que debemos ahorrar. Lo que significa, que a la semana 52, debes tener ahorrado, 1.376 euros.

Reto de los 30 días: Esto es una forma de ahorrar, para cualquier objetivo que definas. Por ejemplo, asistir a un seminario, cubrir una deuda, etc. El numero del día, es la cantidad que debes ahorrar. Al final del mes, debes tener ahorrado, 465 euros. Puedes ajustarlo, a tu presupuesto.

Sistema 50 - 20 - 30:
- 50%, gastos, deudas.
- 20%, ahorro.
- 30%, gastos personales.

Sé un emprendedor de éxito

Ahorra dinero, para poder invertir… ¡Evita los gastos hormiga!. ¿Sabes qué son los gastos hormiga?. Son pequeñas sumas de dinero, suelen repetirse frecuentemente y como no las contabilizamos, se van haciendo más grandes, a final de año. Estos gastos, son totalmente evitables.

¿Qué tipos de gastos suelen ser?. Un café, refresco, prensa, caramelos, cigarros. Si los sumamos, a final de año, serían aproximadamente, 3.640 euros. Lo que podrían ser, 80 acciones de una empresa, que cotice en bolsa, a 45,96 euros.

Te reto, a que tomes una libreta y anotes, los gastos pequeños, durante 2 semanas. Luego evítalos, o busca sustituirlos, por algo más barato.

Puedes comprar, productos para el hogar, de forma online. Hoy en día, Amazon te puede dar mejores precios. De esta forma, evitas el neuromarketing de los supermercados, donde terminas perdiendo tu atención y compras productos, que no te hacen falta. Te recomiendo también, que los principales artículos de consumo, por ejemplo, pasta dental, papel higiénico, gel para el cabello, jabón de ducha, jabón de ropa, etc., los compres al por mayor.

Ten en cuenta, lo que consumes en agua, luz y gas. Si sumamos las compras del hogar y el pago de los servicios básicos, nos podemos ahorrar entre, 1.500 y 2.500 euros, al año. Haz esto también, con las cuotas de los seguros, gimnasio y móvil. Compara a comienzos del año, los precios que pagas, con los precios que ofrecen otras compañías; escoge cuotas acordes a tus necesidades.

Otro punto que debes vigilar, son las comisiones que te ponga tu banco, considera cambiar de entidad. Hoy en día, hay bancos en internet, con comisiones muy bajas; estas cuentas, las puedes usar, para gastos de ocio. Evita las comisiones, por retirar efectivo. Reduce el número de tarjetas que tienes y evita, las tarjetas de crédito. A final de año, te estarás ahorrando, alrededor de, 2.000 euros. Si nos ponemos a sumar estas cantidades, nos daremos cuenta, que es mucho dinero, que podemos invertir, en distintos modelos de negocio. ¿Ves por qué te insisto, en saber manejar bien tu dinero?. Cuando lo sabes manejar bien, vas a tener dinero suficiente, para invertir y rentabilizarlo.

Te invito, a que apliques, la matriz de administración del dinero, así como, la matriz de manejo del dinero. También quiero que practiques, las diferentes formas de ahorrar, que te expuse previamente. Ahora, hagamos un pequeño repaso de este capítulo, antes de que conozcas, lo que se viene…

- Los pobres, esperan a que la solución, caiga del cielo. Los ricos, buscan la solución y si no la encuentran, la crean.
- Si tú no cambias, nada cambiará. El dinero es tu amigo, está para ayudarte.
- El activo, es el conjunto de bienes y derechos, que son propiedad de la empresa o individuo, que pueden ser convertidos en dinero.
- El pasivo, se conoce como el valor monetario, que en total suman todas las deudas, de la empresa o individuo.
- Tu casa no es tu mayor activo, es tu mayor pasivo.
- Por mucho dinero que tengas, el dinero no te dará una mentalidad abundante. Eres tú quien decide, sentirse abundante, a pesar de todo.

Sé un emprendedor de éxito

- Pon tus dones, al servicio de la humanidad. Si eres bueno vendiendo, cocinando o en cualquier otra cosa, comienza a cobrar por ello.

# Fuentes de ingreso

Bienvenido, a una de las partes más importantes de este libro. Quizá estés pensando, que este capítulo debía ser el primero del libro, pero no. Primero, tenías que entrar en una programación mental de abundancia. Luego, has adquirido conocimientos muy sólidos sobre los negocios; también, has adquirido habilidades, que te ayudarán a vender y has aprendido, a manejar tu dinero. Tienes una buena base; tomando en cuenta, lo que has aprendido en los dos libros anteriores, estás jugando con cierta ventaja, en comparación al resto. En este capítulo, quiero que vayamos al grano, vamos a hablar de formas de hacer dinero.

Quiero advertirte, que no son infalibles. Quizá en el momento que leas este libro, esas formas de hacer dinero, estén saturadas y ya no es momento de hacerlas. Pero si eres de los afortunados, que ha llegado aquí pronto, es tu momento. No te preocupes tanto… Al menos, estas formas de ganar dinero, te van a dar una guía, abrirán tu mente a nuevas oportunidades de generar ingresos y eso, es lo que quiero.

Con este capítulo, quiero que ganes inteligencia financiera. Que veas que se puede hacer dinero, de distintas formas y que cada

año, surgen nuevas formas de generar ingresos. Actualmente, mucha gente prefiere, hacer uso de transacciones monetarias, como las criptomonedas, porque se sienten más seguros. Es más rápido y no tienes que pagar comisiones, ni pasar controles bancarios. El sector financiero, está cambiando. Aquellos que no abren su mente, a las nuevas oportunidades, se están quedando sin dinero. Quienes siempre están atentos, a las nuevas cosas que van surgiendo, están aprovechando para ganar dinero. Tú debes ser de las personas, que ven las oportunidades y las aprovechan.

Algo que aprendí, cuando leí, "Padre Rico, Padre Pobre", es que las personas no saben diferenciar, una profesión, de un negocio. Ray Krock, fundador de la cadena de hamburguesas, McDonald's, tenía como profesión, vender hamburguesas y licencias de sus restaurantes. En cambio, su negocio, era acumular bienes inmuebles, que producían activos. Él, vendía las licencias de sus locales. La gran mayoría de las personas, ejercen su "profesión"; se la pasan toda la vida, trabajando para otros, en vez de trabajar, para sí mismos.

Hay que atender nuestro negocio. Los problemas financieros que tenemos, muchas veces vienen, de estar trabajando para otro. Debemos construir, una columna sólida de activos. Si tienes un empleo, empieza por bajar tus gastos, comienza a construir una base firme de activos, en vez de obtener pasivos. Si eres joven, debes preocuparte, por empezar a construir activos, antes de irte de casa, casarte y tener hijos. Si no lo haces, vas a vivir la vida de un esclavo.

Los ricos se dan lujos, después de tener suficiente dinero; solo así, se permiten el capricho, de comprarse un reloj, darse un viaje, etc. En cambio, el común proceder de las personas es, comprarse lujos,

en vez de crear activos. Es por esto, que terminan ahogándose, en un océano de deudas.

He visto gente, que vive de las apariencias, tienen una casa bonita, bolsos de lujo, móviles de última generación, etc. Esto lo hacen, porque les hace sentir poderosos, piensan que tienen todo el poder económico del mundo, cuando en realidad, no son muy listos… Lo que hacen, es meterse un "disparo" a la cabeza. Son personas inseguras, cuya única forma de sentirse importantes ante los demás, es cometiendo este tipo de errores.

Lo que están haciendo, es destruir su futuro y el de sus hijos; ya que crecerán, siendo consumistas, en vez de ser, constructores de activos.

Mi profesora de Empresas decía, que una persona podía tener un Ferrari, pero que antes, había que ver su balance de activos y pasivos, para ver si de verdad, tenía dinero.

Si hablamos en términos clásicos, podemos encontrar este tipo de activos:
Negocios, que no requieran de tu presencia.
- Acciones de empresas.
- Obligaciones de empresas.
- Bienes raíces.
- Pagarés.
- Propiedad intelectual.
- Cosas que tengan valor, que generen ingresos y que incrementen su valor.

Los dueños de negocios, son los ricos. Los consumidores, son

los pobres. Debemos entender que, nosotros somos traders financieros, estamos intercambiando, productos por dinero. Los pobres, se la pasan dando, su tiempo por dinero. Nosotros debemos hacer, que el tiempo se ponga a nuestro favor. Esto se logra, tomando la decisión, de ser dueños de nuestro propio negocio, o al menos tener inversiones, que nos enriquezcan.

Uno de mis mentores, dijo una vez en una entrevista, que es mucho mejor, diversificar tus inversiones, antes de ponerlas en fondos mutualistas. Estos fondos, cobran comisiones muy altas y la rentabilidad, es muy baja en comparación, a otro tipo de inversiones y negocios. Son ellos, los que se llevan el pedazo del pastel, no tú. Cuando diversificas, generas diferentes fuentes de ingreso, para no depender de una sola. Estás creando ingresos para tu vida, sin estar trabajando.

No puedes ser, como el resto de las personas, que cuando "el invierno viene" (en otras palabras, cuando los mercados caen), te asustas, como si fueras a morir. Déjame decirte, que en los momentos de crisis, es cuando mejores oportunidades, puedes encontrar. Lo único que necesitas, es generar flujos de caja a tu favor. Las personas abundantes, no ven la crisis como algo malo, lo ven como una oportunidad, para hacer más dinero.
Pensamos, que hacerse rico durante una crisis, es inmoral. Cuando lo inmoral, es que te quedes sin hacer nada, dependiendo de subvenciones del estado. Las personas por lo general, tienen miedo a las crisis y a invertir; en cambio los emprendedores, no le tienen miedo a nada.

Todo los años, los mercados caen. Todos los años, el valor del dinero disminuye. Todos los años, hay correcciones; y tú y yo, seguimos vivos, mientras los ricos, siguen haciendo dinero. Mi mentor en una ocasión, dijo algo que para algunos, puede sonar gracioso: Wall Street, es el único lugar en el mundo, que cuando hay ventas, la gente se vuelve loca. Debemos entender, que todo es parte del proceso, todo mercado sube y baja; solo hay que saber estar, en el momento adecuado. Comprar, cuando toca comprar; y vender, cuando toca vender. Si no estás jugando en el mercado, estás en una posición peligrosa, porque pierdes oportunidades.

Una buena forma de invertir, es en acciones de empresas en bolsa. Lo propio, es buscar empresas, que tengan buenas proyecciones financieras, que aporten valor, que tengan un gran equipo detrás; ahí buscarás, invertir a largo plazo. Siempre debes hacerlo con conocimiento, no te puedes lanzar a invertir en mercados bursátiles, sin antes haber aprendido. El error que comenten muchos, es que piensan, que invertir en bolsa es fácil, cuando no es así. Lograr ser rentable en bolsa, toma su tiempo, requiere mucha dedicación.

- Cuando toda la gente, esté metiendo el dinero en el mercado, tú debes sacarlo.
- Ten cuidado con gastar dinero, en cosas que se devalúan.

Como millonario, debes trabajar en la solución. Los mejores días, vienen de los peores días. Si eres un millonario miserable… JÓDETE. Tu trabajo es aportar valor y debes tener paz interior. Si solo te enfocas en lo que te falta, estás jodido. Enfócate, en lo que controlas.

Una forma muy rentable de hacer dinero, que se ha hecho famosa en Estados Unidos, y que ahora, está llegando a España, es el "flipping houses". Esta es una estrategia de "ganancia rápida", en la que compras bienes inmuebles, por un precio muy bajo y reformas la propiedad, para luego venderla, más cara. Esta es una estrategia muy lucrativa, si hay una buena oferta y demanda. Las casas viejas y las propiedades con ejecuciones hipotecarias, son propiedades populares, para este tipo de operaciones; ya que el inversor aprovecha, que el precio está por debajo de su valor, lo que significa, mayor margen de beneficio. Claro que también dependerá, del coste de la reforma.

Para empezar este negocio, debes tener varios recursos claves, que aumentarán tus probabilidades de éxito.
Supongamos que no tienes dinero, para poder comprar una propiedad, por tanto, vas a acudir a un inversor; como te dije anteriormente, debes asegurarte de ofrecer, el máximo valor posible. Para que puedas hacer esto, debes disponer de las herramientas adecuadas, que te permitan llevar tu negocio, de forma efectiva.

Lo primero que debes tener definido, son las empresas de reformas, con las que vas a trabajar. Busca empresas que estén por tu ciudad; consigue 5 empresas por internet, que se dediquen a esto y contacta con ellas, para concertar una reunión.

Para asegurarte de trabajar, con una empresa de calidad, vas a pedir que te muestren, los trabajos que han hecho anteriormente; pedirás un presupuesto, de la casa en donde vives, (esto para tener una guía); luego lo vas a comparar, con las otras empresas que contactaste. Es vital que te asegures, de que sus instaladores de luz y gas, tengan su licencia vigente… No quieres que la propiedad explote. Es importante, que consigas buenas empresas de reformas, ya que en un futuro, tendrás que reformar, varias propiedades a la vez.

Debes negociar el precio, ya que serás un cliente frecuente. Además, necesitas tener un buen precio, para poder sacar mayor rentabilidad.

Algo que podrías hacer, es firmar un acuerdo de colaboración con tus socios claves, para que queden fijadas, las condiciones y precios.

Es importante, que también cuentes con un gestor, que domine el tema de los impuestos, contabilidad, leyes inmobilarias, etc. Esta será la persona encargada, de registrar tu empresa, o darte de alta como autónomo. Te ayudará a manejar bien tus impuestos, a que tengas todo el ámbito contable al día, con la firma de contratos, etc. Toda acción legal, debes hacerla bajo la supervisión de un profesional. Para contratar a gestores de confianza, harás lo mismo que con la empresa de reformas, contactarás a varios, mirarás sus precios y verás, su nivel de profesionalidad.

<u>Pregúntale:</u>

- Cuánto tiempo lleva trabajando.
- Si ha trabajado con empresas, en el ámbito inmobiliario.
- Cuánto cobra por los servicios que ofrece.
- Infórmale cuál será tu actividad.
- Su opinión, sobre darse de alta como autónomo, o como una empresa S.L.

El gestor te ayudará, al momento de comprar el inmueble, ya que tendrás que firmar, un contrato de compra-venta. Aun así,

es bueno que tengas claro lo siguiente, a la hora de efectuar la compra:

- Título de la propiedad.
- Certificado energético.
- Catastro.
- Impuestos de la propiedad, que han sido pagados.

El siguiente colaborador, que deberás conseguir, es un experto en marketing decorativo. Te ayudará a presentar el inmueble, de la forma más atractiva posible, para el cliente. Las compras, se basan muchas veces, en un proceso emocional. No puedes presentar la vivienda, como la tenía tu abuela, hace 40 años atrás. Sobre todo, si estás vendiendo la propiedad, a una persona joven. Si tienes una decoración, capaz de llamar la atención del comprador, estás aplicando neuromarketing. Como diría Jürgen Klaric, véndele a la mente, no a la gente.

¿Recuerdas cuando te dije, que debes apalancarte en el talento de otros?. ¿Recuerdas cuando mencioné, que es importante delegar y tener un sistema en tu negocio?. Si no delegas aspectos, como el marketing decorativo, estarás perdiendo mucho dinero.

Repite el proceso que has hecho, con los dos socios claves anteriores. Averigua lo siguiente:

- ¿Cuál es el precio por una propiedad pequeña?.
- ¿Con qué tipo de propiedades trabajan más?.
- ¿Cuánto tiempo demoran decorando?.
- ¿Tienen stock de muebles?.

Si no puedes asumir el coste, de contratar una empresa de marketing decorativo, puedes ir a un local de muebles, para comprar algo bueno y económico. Estos muebles son, para las fotos y la visita del comprador. En caso que los muebles gusten, los puedes incluir en el precio de venta.

Y hablando de fotos... Es importante, que tengas un buen fotógrafo. Si tiene experiencia tomando fotos a inmuebles, mucho mejor. Las fotos son cruciales, para promocionar el inmueble, son nuestra carta de presentación; deben lucir lo más profesional posible, para destacar entre tantas propiedades.

Otro punto, que puede ayudarte mucho, es hacer un reportaje, usando un dron. El comprador tendrá la oportunidad, de ver la propiedad por completo. Esto puede servirte, con clientes que se encuentren lejos.
Como inversor, debes tener buenas relaciones, con los agentes inmobilarios de tu localidad. Son quienes tienen, la información del momento y pueden dártela, antes de que salga al público.

Al buscar una propiedad, debes estudiar la zona. El precio variará, en función de esto. Va a depender, del tipo de gente que vive en el lugar, las viviendas de alrededor, la antigüedad, los comercios y servicios cercanos, etc. Debes trabajar en una zona, que tenga una buena oferta y demanda, porque te ayudará a vender, en un periodo corto de tiempo. No puedes seleccionar una zona, que te parece bien a ti, pero que nadie compra ahí. Quizá no vas a trabajar en tu zona favorita, pero trabajarás en la zona, que te dará más dinero.

En tu localidad, debes ser el mejor del sector. Luego, a medida que vayas creciendo, puedes expandir tus operaciones, a otros sitios. Pero lo importante, es que comiences a trabajar, en un área que puedas explotar y que te brinde, buenos beneficios.

Recuerda, que en el "flipping houses", te vas a centrar en viviendas a reformar. Te sugiero, que uses webs de compra-venta de inmuebles, (en *España* existen, *Idealista*, *Fotocasa*, *Habitaclia*, etc.), para ver que se está ofreciendo en el mercado. En muchas de estas webs, te dan la media del precio, por metro cuadrado. Con esta información sabrás, como se comporta el mercado y podrás jugar, con los precios. Debes tener claro, que factores como la ubicación, tamaño, altura, conservación, exteriores, orientación, garaje, piscina y transporte público, afectan al precio de la vivienda.

Si una vivienda, cuenta con estás características, significa que puedes venderla, a un buen precio. En cambio, si no cuenta con estas características, debes tener claro, que quizá te cueste más venderla, o que a la hora de reformarla, tendrás que negociar su precio, con el propietario.

Debemos tener claro, que hay que negociar el precio de compra del inmueble, o coche de segunda mano; ya que una buena compra, nos ahorrará dinero y permite, tener un buen margen de ganancia. Debemos jugar con el precio de la reforma, a la hora de negociar; podemos decir que la reforma es muy cara, etc. Si la propiedad tiene muchas cosas por hacer, debes mostrar que eso lleva trabajo y que la gran mayoría, no compraría algo así.

Si encuentras una buena oportunidad de reforma y venta, pero no tienes el dinero, no debes preocuparte. Recuerda, que siempre puedes apalancarte con inversores. Además, ya sabes hacer un pitch deck, para presentar tu idea de negocio. Lo que puedes hacer, para asegurar la operación, es dar una paga y señal, que te dará tiempo, para poder convencer al inversor, de esta oportunidad.

¿Cómo consigo inversores?. Es muy sencillo. Lo primero, es que te pongas en contacto, con gente de tu entorno, para explicarles de que trata la oportunidad. Obviamente, ellos se llevarán más parte del beneficio; esto es un ganar-ganar. Si la vivienda la vendes, 30 mil euros, por encima de su precio, tú te puedes llevar, 5 mil euros y el inversor, el resto.

Poco a poco, irás ganando y escalando con tu negocio. También puedes, poner anuncios por internet, donde explicas, que puedes conseguir grandes rentabilidades, en un corto periodo de tiempo, haciendo flipping house. Recuerda, que tu anuncio solo debe ir dirigido a inversores. Cuando logres hacer la reforma y ya esté lista la vivienda, el anuncio irá dirigido, a posibles compradores.

¿Qué incluir en el Pitch Deck del inversor?.
- **Estudio de viabilidad:** Estudia el mercado y muestra, que tan rentables pueden llegar a ser, estas operaciones.
- **Datos de la propiedad:** Fotos, planos, fotos de los alredededores, videos, etc.

Cuando vayamos a vender la propiedad, debemos contactar a nuestro fotógrafo, para realizar las fotos, que pondremos en los portales de ventas. También, puedes usar contactos que tengas en inmobiliarias, para que ofrezcan la propiedad, a algún cliente.

Consejos para hacer Flipping House:
- Atiende a eventos de networking, para que veas las zonas con mayor crecimiento y demanda. Concéntrate en la zona, donde están poniendo el dinero los inversores.
- Intenta no usar tu dinero, apaláncate de los demás.
- No te metas en operaciones, de casas con daños muy grandes. Procura mejor, que sean daños estéticos.

Sé un emprendedor de éxito

- Inspecciona por completo la vivienda.
- Ten un plan B, por si te cuesta vender la propiedad.
- Construye un equipo sólido.
- No hagas mejoras innecesarias.

Ya tenemos claro, en que consiste esta forma de negocio. Ahora quiero mostrarte, el siguiente modo de generar ingresos extras. Está relacionada también, al sector inmobiliario, pero el precio de entrada a este negocio, puede llegar a ser menor, que el Flipping House. Como punto positivo, no tienes que estar buscando inversores, lo puedes hacer solo. Una vez tu negocio sea más grande, puedes tener gente que haga el trabajo por ti.

Este modelo de negocio se llama, **"Rent-to-Rent"**. Un concepto, que se ha hecho muy famoso en Estados Unidos y el Reino Unido, debido al gran crecimiento que ha tenido Airbnb. El Rent-to-Rent, consiste en que pagas el alquiler de una vivienda, para luego, ponerla en alquiler. Es decir, estarías actuando, como si fueras el propietario del inmueble. El propietario gana de tu alquiler y tú ganas, de poner en alquiler la vivienda.

Lo bueno de esto, es que no necesitas comprar una propiedad. Lo que haces es usar, la propiedad de otro; te aseguras de que todo esté en orden y generas ingresos, de forma automática. Le ahorrarás al propietario, el hecho de lidiar con gente, que no paga al día, porque tú le vas a pagar siempre. Además, los inquilinos que se quedarán en la propiedad, te van a pagar siempre; te asegurarás de esto, usando Airbnb.

¿Dónde puedo conseguir una propiedad?.
Puedes contactar a un amigo o familiar, que tenga una propiedad,

pero que no esté usándola. La pondrás en Airbnb, así ambos se llevarán los beneficios.
De esta forma, te ahorras firmar contratos, pagar alquiler, etc.
Otra forma, es buscar una propiedad, en una buena zona; luego le decimos al propietario, que deseas ponerla en alquiler. Por ejemplo, si tiene 3 habitaciones y te pide, 500 euros al mes; tú le puedes ofrecer, 650 euros, para que te deje desarrollar tu actividad. Las habitaciones, las puedes poner en, 350 euros cada una, dirigidas a estudiantes. Esto te dará unos ingresos, de 1.050 euros, que restando lo que le pagas al propietario, son 400 euros al mes.

Lo bueno de esto, es que puedes conseguir propiedades, con varias habitaciones, para cobrar por cada una. Muchos turistas, buscan un alojamiento práctico, y tú serás, quien les ofrezca la solución. Ten en cuenta, que para hacer esto, necesitas el permiso del propietario, de lo contrario, estarías incumpliendo la ley. Sobre todo, debes asegurarte, de conocer las leyes locales, respecto a Airbnb; ya que en algunos sitios, debes registrar tu propiedad, para poder llevar a cabo, esta actividad.
Ten en cuenta, que debes buscar una zona, con suficiente demanda, pero donde sepas, que puedes ser competitivo, con los demás alojamientos disponibles. Céntrate en un área en específico, compara los diferentes precios, el número de habitaciones y baños, las fechas de temporada alta, etc. A este tipo de negocio, se le puede sacar un gran beneficio, en época de vacaciones; donde vas a conseguir un inmueble, con un alquiler barato, para luego alquilarlo por noche.

Debes asegurarte, que la zona tenga servicios cerca: lugares para comer, sitios de compras, acceso a transporte, etc. Esto es lo más

importante para los turistas.

Además de turistas, puedes centrarte también, en zonas estudiantiles. Muchos estudiantes, se van a las grandes ciudades, para poder ir a la universidad, por tanto, demandan alojamiento. Recuerda que la clave de los negocios, es resolver un problema latente, para el consumidor.

Mucha gente, pone propiedades enteras en alquiler, en Airbnb. Eso está bien, cuando ya tienes una buena reputación, dentro de la plataforma. Si todavía no sabes lo que es Airbnb, te lo explico brevemente: *"Airbnb es un mercado comunitario, que sirve para publicar, dar publicidad y reservar alojamiento, de forma económica, en más de 190 países, a través de internet o desde tu smarthphone".*

Seguramente donde vives, existen otras plataformas, que también las puedes usar; pero utilizo esta como referencia, ya que es la más conocida.

Retomando el tema anterior, puedes poner una casa en Airbnb, pero si estás empezando, no verás beneficios. En cambio, si la plataforma ya te ha reconocido, como un buen usuario, ahí puedes dar el salto, de poner propiedades, un poco más lujosas. Si vas a empezar en este negocio, es mejor que pongas en alquiler, por Airbnb, un piso de 3 habitaciones, por 30 euros la noche; así te aseguras mucha demanda. Esto en vez de tener una casa, por 200 euros la noche, pero que nadie se hospede.

Como usuario que ofrece un hospedaje, en este tipo de plataformas, debes asegurarte, de tener buena comunicación

con los inquilinos, responder a sus preguntas, etc. Es importante también, que en el anuncio, coloques las reglas de la casa. Esto evitará, problemas con el inmueble. También, puedes cobrar por el mantenimiento; ese dinero se lo darás a una persona, que te limpie el inmueble. De esta forma, ganas más dinero, te ahorras altos costes de mantenimiento, mientras conservas en buen estado la propiedad; que vas a seguir teniendo en alquiler y con la cual, seguirás ganando dinero.

Dependiendo del inmueble, tendrás que gastar un poco de dinero, para comprar muebles. No hace falta que gastes mucho, solo debes comprar algo económico, pero de buena calidad. Puedes comprarlo, en Ikea o Amazon. Esto te ayudará, a tener un diseño profesional, que sea atractivo para los huéspedes. Puedes buscar ejemplos de decoración, viendo otras propiedades en Airbnb, o usando Pinterest. Piensa que el diseño dependerá, del área donde esté localizado el inmueble y el tipo de vivienda.

Como ya te comenté, en el Flipping House, es sumamente importante, tener buenas fotos en los anuncios. Deben ser lo más profesionales posibles, que llamen la atención. Asegúrate también, de que toda la vivienda esté limpia y huela bien: baños, cocina, habitaciones, salón, etc.

Lleva un excel, con el promedio de noches, que se suelen quedar los huéspedes. También incluye, el precio medio que usualmente pagan y la media que te llevas al mes. Esto te hará ajustar tu negocio, para sacar buenas rentabilidades.

¿Recuerdas las técnicas de persuasión que aprendiste?. Las vas a necesitar, para negociar con el propietario del inmueble. Le

debes convencer, de que no va a tener problemas, al darte su autorización, para realizar esta actividad. Debes demostrarle, que vas a asegurarte, de evitar cualquier tipo de inconveniente, con el inmueble y los huéspedes. Además, Airbnb ofrece un seguro, en caso de desastres.

Cuando vayas a negociar con el propietario, debes tener en cuenta, lo siguiente:
- Su edad.
- Su experiencia, con otros intentos de alquiler.
- Si tiene varios inmuebles.

En caso de haber sido, durante un tiempo, el inquilino de su propiedad:
- ¿Qué tan bueno has sido?.
- ¿Tus pagos han sido al día?.
- ¿Tienes una buena relación con él?.

Si es así, esto lo usarás a tu favor, para que acepte tu oferta, sin mayores objeciones. Además, puedes pagarle la renta por adelantado, o dependiendo de tus ganancias, se puede llevar un pequeño porcentaje.

Ahora que ya hemos visto, dos formas de ganar dinero, en el sector de bienes raíces; quiero mostrarte como puedes ganar dinero, en el sector de la automoción. Este también es un mercado, con mucha oferta y demanda, en donde podemos tener, buenos beneficios. Para empezar en este sector, no necesitas ser un experto en coches y motos; poco a poco, te irás familiarizando. Es más importante, que conozcas las necesidades del cliente, a la hora de comprar un vehículo.

Por otro lado, debes apalancarte con el uso del internet. Si bien es cierto, que hay personas que están acostumbradas, a ir siempre a un concesionario, muchos compradores, lo que hacen primero, es buscar por internet. Tesla, está haciendo esto; puedes personalizar el coche en su web, realizas el pago y en unos días, llega a tu casa.

Tu trabajo siempre debe ser, ayudar al comprador, ahorrarle tiempo, energía y dinero, a la hora de buscar un coche. Eres tú, quien le va a conseguir lo mejor, que se ajuste a su presupuesto, haciendo que se sienta afortunado.
"Las personas, no quieren que se les venda, buscan irse a casa, con la sensación de ser ellos, quienes han comprado a precio de ganga. No seas un vendedor, sé un asesor; ayuda a tu cliente, a decidir cual es la mejor opción, a llevarse a casa". - **Manuel Oller.**

Es probable que pienses, que esto es un juego de niños, pero no. Déjame decirte, que es un negocio más difícil, de lo que parece. Requiere tiempo y dedicación, como todo negocio; debes tomártelo en serio. Es probable que también pienses, que en este tipo de negocios, no hay muchas ventajas.
En primer lugar, no necesitas dinero, para empezar a obtener ingresos en el sector. Puedes comenzar de intermediario. El riesgo es mínimo, puedes llegar a cualquier bolsillo y no dependes de un jefe. La gente piensa, que invertir en coches, es perder dinero, debido a su depreciación; pero la clave está, en comprar barato y venderlo más caro. Un Ferrari, edición limitada, no va a valer lo mismo, que un Seat. Incluso, ese coche edición limitada, puede valer más, con el paso de los años.

En caso de que no tengas dinero, pero quieras empezar en este

sector, te recomiendo que inicies como intermediario. Lo que harás en este caso, es ponerte en contacto con vendedores, que estén ofertando su coche, para ofrecerles ayuda, a cambio de una pequeña comisión. Usarás anuncios por internet y en las webs de coches. Te encargarás de negociar con el comprador, te asegurarás, de que la venta se haga, lo más rápido posible.

La otra forma de ganar dinero, en el sector de la automoción, es mediante la compra, restauración y venta de vehículos. Lo que haces en este caso, es comprar un vehículo, a precio de ganga, que necesite algunos ajustes… <u>Digo algunos, porque no vale la pena restaurar, un coche destrozado, a menos que estés en Dubai, que también es una buena opción.</u> Entonces, una vez hagas esos ajustes, le estarás agregando valor al coche y lo pondrás a la venta. Hay que tener en cuenta, que comprar un coche, para luego venderlo, es un poco más arriesgado; ya que tienes que cuidarlo y esperar, a que un comprador aparezca. Pero muchas veces, vale la pena, sobre todo, si logras encontrar una buena oferta; además, puedes traerlo de otros países y venderlo en el tuyo.

Otra modalidad, para ganar dinero en este sector, es comprando y vendiendo, coches antiguos. Con el paso de los años, si ese coche se conserva en buen estado, su valor incrementará. Amantes de la automoción, museos y productoras cinematográficas, entre otros, pueden estar interesados en adquirir el coche. Claramente, para hacer esto, necesitas más dinero. Aun así, si te gusta mucho el tema, puedes intentar probarlo; estarás adquiriendo un activo, que aumentará su valor, con el paso del tiempo.

Para empezar a vender coches, primero debes aprender, que hay que realizar una buena búsqueda. No se trata de ir por internet,

buscando coches al azar. Debes segmentar tu búsqueda, por el tipo de vehículo, año, kilómetros, combustible, cambio de caja, localidad, etc. Debemos buscar aquellos vehículos, que más demanda tienen en el mercado, porque harán que vendas más y aumentes tus ganancias.

¿Dónde puedo buscar?. Pues lo más lógico y lo que debes hacer, es usar las webs de ventas de coches; harás un estudio de mercado, para ver que vehículos se venden más. La búsqueda la filtrarás, por el precio; puedes empezar en el rango de, 5 mil a 18 mil euros, por ejemplo. Ten en cuenta, la relación años vs kilómetros. Busca vehículos, que estén siendo vendidos por particulares, ya que con un concesionario, es más difícil negociar, te lo digo por experiencia… Muy pocos te responderán los mails.

También debes analizar, el precio medio del mercado, para el modelo en concreto, que quiere el cliente. Si buscas coches, que tengan alguna pequeña avería, que no requiera un gran trabajo, podrás bajar bastante el precio, al momento de comprarlo; luego lo reparas y obtienes mayores ganancias.

¿Recuerdas que te dije, que hay que tener socios claves, en los bienes raíces?. Cuando estás empezando en el sector de la automoción, todo lo harás tú, las llamadas, mails, web, redes sociales, fotos, búsquedas, etc. Una vez tu negocio, esté dando resultados, podrás contratar a alguien, para que te ayude con las gestiones comerciales. Recuerda que necesitas saber vender, para poder tener éxito.

Un socio clave, que deberías tener, es uno o varios mecánicos de confianza. Debes hacerte amigo de ellos, busca quienes

hagan bien su trabajo, por un coste que no sea tan alto. Esto es sumamente importante, te ayudará con cualquier avería y defectos, que pueda tener el coche.

También es bueno tener, un autolavado de confianza, para hacer una limpieza profunda, del vehículo que venderás. Esto lo aprendiste, cuando te enseñé el Rent-To-Rent. Cuando empieces, lo harás tú; pero deberás hacerlo bien, debes pensar y sentir que tu éxito, dependerá de esa lavada. La buena imagen del vehículo, es importante. En ocasiones, lo único que necesitará, es una limpieza a fondo, para que parezca como nuevo.

Es importante, lavarlo por dentro, por fuera y pulirlo. Debes limpiar toda la carrocería, las ruedas, faros, asientos; si son asientos de cuero, deberás hidratarlos. Incluso, cambiar las alfombrillas dará la imagen, de que el coche está bien conservado. Muchas veces, con solo mirar el estado del vehículo, por como luce, puedes determinar, si el motor ha sido bien cuidado. Así que este, es un punto a tener en cuenta, a la hora de buscar un coche para vender.

Asegúrate de lo siguiente, a la hora de poner las fotos del vehículo, en las webs especializadas:
- Fondo luminoso.
- Vehículo lavado.
- Fotos de: parte delantera, trasera y cada lado, neumáticos, frenos, cuadro de cuenta kilómetros, fotos de los documentos que muestran, que las revisiones están al día, fotos de los juegos de llaves, fotos del estado de la tapicería.

Quizá te estés preguntando: ¿Qué debo poner en la descripción

del anuncio?.

- Características relevantes del vehículo.
- Especifica la motorización, versión, modelo y cv.
- El precio de venta.
- Extras del vehículo.
- Haz un llamado a la acción.
- Crea la necesidad en la persona, de querer comprar el coche, lo más pronto posible.
- Explica el uso que se le ha dado, coloca el motivo de la venta.

Otro punto a tener en cuenta, es que no importa el país donde te encuentres, siempre que puedas comprar barato y venderlo, por un precio más caro, estarás ganando. Debes estar jugando, el juego del dinero; debes jugar, para ganar. Incluso, en épocas de crisis, mucha gente vende sus coches, para comprar otros de segunda mano… ¡y ahí estarás tú!. Serás quien les venda el coche, con calidad garantizada y al mejor precio posible. Existen 2 compras importantes, en la vida de una persona, un coche y una casa… ¡Tú puedes vender ambas!.

¿Qué factores pueden hacer, que el precio del vehículo baje?.
Estos factores, hay que tenerlos siempre en mente, ya que nuestro margen de beneficio, se verá impactado, si el coche o moto, presenta alguno de estos detalles.

- Año del vehículo.
- Muchos kilómetros.
- Asientos y tapicería en mal estado.
- Problemas mecánicos, carrocería en mal estado.
- Frenos, correa y neumáticos desgastados.

¿Qué factores pueden hacer, que el precio del vehículo suba?.

Sé un emprendedor de éxito

Estos nos pueden servir como argumento, para justificar el precio de venta del coche. Nos ayuda a convencer al comprador, de que es el coche ideal.

- Pocas unidades.
- Pintura especial.
- Equipo de sonido de gama alta.
- Llantas exclusivas.
- Escapes deportivos.
- Sistema GPS.
- Pantallas interiores.
- Mejoras mecánicas.
- Sistema de alarma.
- Cámaras y sensores.
- Otros extras.

Por experiencia propia, debo decirte, que lo primero que debes trabajar, es la paciencia. Sobre todo, cuando estás trabajando con alguien, porque ambos deben ir a buen ritmo y apoyarse mutuamente. Deberás tener paciencia, a la hora de hacer la búsqueda del vehículo, tendrás que analizar los anuncios, te enfrentarás a coches en mal estado, o tendrás que buscar, en más de una web.

Dependiendo de tu carácter, quizás seas más propenso, a perder el control. Debes tener un control total, sobre tu persona, ya que habrán momentos, donde hablar con un vendedor o comprador, será algo muy tedioso. Algunos juegan con tu tiempo, te pedirán cosas que no puedes dar, otros no colaborarán contigo, etc. Me ha pasado, por ejemplo, que algunos quieren coches, de 20 mil euros y el presupuesto de ellos no llega, ni a los 4 mil euros. Estas son cosas del día a día, nunca debes perder la cordura. Querrás

dar una buena imagen, para eso tu trato, debe ser impecable.

Todo lleva su tiempo, puede que te cueste meses obtener resultados. La única forma, para poder tener resultados, es trabajando día a día. No puedes parar de trabajar, en conseguir tus metas. No puedes bajar el ánimo, porque si lo bajas, entras en el programa mental de la pobreza. Tú, quieres ser libre financieramente y como te dije anteriormente, debes pensar y sentirte en abundancia. El compromiso con tu negocio, del 1 al 10, debe ser 10. Cuando tienes un compromiso fuerte, no hay nada que te detenga; cuando no hay nada que te detenga, consigues todo lo que te propones.

No eres un vendedor comercial, no eres de los que va puerta por puerta, esperando tener una comisión. Tu trabajo es asesorar a la persona, para que pueda comprar el mejor vehículo, que se ajuste a su presupuesto y que llene sus necesidades. Ellos tienen un problema y tú, les darás la solución. Lo mismo con los vendedores; muchos que están vendiendo su vehículo, no saben como hacer. En la medida que construyas, una buena base de datos, los ayudarás a vender, lo más rápido posible.

Algo que he aprendido, es que nunca debemos dejar de dar más valor, de lo que esperaban. En ocasiones, es mejor sacrificar parte de tu ganancia, para poder hacer feliz, a la otra persona. Cuando ayudas a esa persona, ganas un testimonio, que te da veracidad como emprendedor y ganas más clientes. No solo eso, sino que puede darse el caso, que él/ella, te compre más vehículos, en un futuro. Si tienes que sacrificar un poco, tu margen de ganancia, para construir una buena relación a largo plazo, hazlo; no te vas a arrepentir.

Sé un emprendedor de éxito

Tanto si te vas a dedicar, a los bienes raíces o a vender vehículos, tendrás que invertir en tu negocio. Cuando vendes un inmueble, tendrás que pagar, para que el anuncio se muestre, entre los destacados de la web. Con los vehículos, es lo mismo. Esto lo irás haciendo, a medida que pase el tiempo y vayas creciendo. Ya que querrás vender más, más rápido y querrás destacar, sobre los demás. Siempre resultará mejor, anunciar en webs, especializadas en tu producto.

Quiero decirte, que para hacerte bueno en las ventas, tendrás que arriesgarte. Con esto me refiero, a que te puedes saber toda la teoría, leer los mejores libros, ver los mejores videos, pero no serás bueno, si no lo llevas a la práctica. Una cosa es "saberlo", pero otra es hacerlo. Cuando lo haces, es cuando aprendes. Por ejemplo, yo he leído sobre ventas, he visto videos, pero a la hora de la verdad, he llegado a cometer muchos errores. Al principio, nos equivocaremos; pero debemos seguir adelante, porque si no lo haces, nunca serás bueno.

Un boxeador, puede haber visto miles de peleas, pero no será un buen boxeador, si no entrena y sube al ring a pelear. A la primera, la cosa irá mal, pero luego de varios intentos, irás mejorando, progresando y serás cada día mejor; esto hará que tengas, una vida llena de abundancia.
Es como un juego, debes jugarlo, para ganarlo… Es así siempre. Obviamente, debes prepararte, antes de cada partido; tienes que corregir tus errores, pero verás los frutos, cuando salgas al terreno de juego. Habrá partidos donde empatarás, ganarás y perderás, pero siempre, debes jugar para ganar, porque cuando juegas a ganar, tarde o temprano, terminas ganando.

¿Has notado, que cuando estás lleno de energía positiva, todo sale bien?. ¿Qué pasaría, si llevas esto a los negocios?. Te digo por experiencia, que he estado en las dos caras de la moneda. Sé como se siente, hacer negocios, cuando estás mal; también sé como se siente, hacer negocios, cuando estás bien. Cuando lo ves todo negativo, no hay negocio que triunfe. Cuando estás en estado de energía negativa, tu cerebro inconscientemente, comienza a actuar de forma negativa y como resultado, todo sale mal.

Cuando la energía te falla, la gente entra en ese mismo estado, y las cosas se ponen oscuras. He intentado vender, mientras estaba de mal humor, pero no he obtenido buenos resultados. Cuando estás de mal humor, es mejor que te pongas a hacer deporte, o que hagas una sesión de meditación. Como emprendedor, tendrás que hablar mucho con la gente, conectar con ellos y para esto, debes tener una energía positiva.

Para entrar en estado positivo, puedes ponerte una canción que te motive, comienzas a moverte y di afirmaciones. Esto también, lo puedes hacer frente al espejo, de esta forma crearás un anclaje emocional, que hará que te llenes de buena energía y que todo te salga bien. Cuando es así, le das un trato único al cliente, aportas más valor del que ellos esperaban y tus ingresos, crecen de forma sorprendente. Compruébalo y verás.

Te recomiendo de corazón, que actúes como si fueras millonario, ¡ERES MILLONARIO!. Actúa, como el mejor inversor de bienes raíces. Asume una actitud ganadora. Actúa, como si vender una propiedad, es algo normal para ti.

Esto es muy bueno, para que te quites presión de encima. Al principio estarás muy nervioso, con mucha tensión, para lograr hacer tu primera operación.

Mucha gente falla en esto, ya que se ponen mucha presión, para ver los primeros resultados. Yo te recomiendo, que actúes con normalidad, para que así logres, buenos resultados. Si quieres que esto sea más fuerte, puedes juntarlo con la visualización, o con la técnica del 55x5, que vimos en el libro anterior.

Tienes la pizarra de visualización, que te expliqué al comienzo del libro… Y no es para que la pongas de adorno. Esta ahí, para cumplir la función, de que veas tus metas y las hagas realidad. Dirígete a tu pizarra de visualización y sumérgete en el momento, para entrar en el estado positivo que necesitas.

¿Vas a vender vehículos?. Actúa, como si la semana pasada, vendiste más de 100 motos y 300 coches. Créetelo y siéntelo, de esta forma convencerás a tu mente, de que eres capaz de triunfar en los negocios y adivina… Terminarás triunfando.
Cambia la forma, en como te hablas a ti mismo. No te digas que no puedes. Di que puedes lograrlo, que lo has logrado y que vas a seguir, comiéndote el mundo entero. Esto te va a ayudar mucho en la vida y desde ahora, quiero que lo apliques, con el dinero.

Algo que no puedes olvidar, es disfrutar. Estás viviendo la vida, que siempre has querido. Eres dueño de tu destino, tu tiempo y eres tu propio jefe. Eres diferente a los demás, tienes tu propio negocio y has tomado acción.

Disfruta de cada día, estás haciendo lo que amas y tienes una vida, llena de prosperidad. Diviértete en lo que haces, ya sea si es Flipping House, Rent-To-Rent, venta de vehículos, invertir en bolsa, Dropshipping, etc. Disfruta del proceso, quiero que te diviertas, a la hora de vender, de analizar tu empresa, de tener que hacer un Pitch Deck, o balance de cuentas… ¡Apasiónate por todo esto!.

Cada paso que das como emprendedor, es un paso que das, para hacer un mundo mejor. No solo ganas dinero, también aportas valor a las personas, resuelves problemas y haces que la vida de ellos, sea mejor. Levántate por las mañanas, sabiendo que estás haciendo, tus sueños realidad. Estás ayudando a inversores, a que rentabilicen su dinero en inmuebles y a la vez, estás vendiendo un sitio digno, donde vivir. Esa persona que te vendió el inmueble, ha logrado ganar dinero, gracias a tu negocio.

Con los vehículos, es igual. Estás ayudando a alguien a vender su coche; estás dando un buen vehículo a una persona, le das algo que soñaba por mucho tiempo, y que ahora se hizo realidad, gracias a ti. Mientras sucede todo esto, tus ingresos crecen y cada vez, eres más libre financieramente. Puedes tener el estilo de vida, que tanto querías. Es un conjunto de cosas, que son posibles, gracias a que tú, disfrutas de lo que haces.

A mí me divierte mucho, poder estar analizando el mercado, estar haciendo búsquedas de vehículos, ir a la otra punta de la ciudad, para poder hacer una venta. Me encanta negociar, tener cierta incertidumbre, de que va a pasar. Me gusta sentir un poco de adrenalina, al saber que cualquier cosa, puede pasar. Me divierte y estoy ganando experiencia. Soy diferente, a muchos de mi edad. Cuando algunos se van a la cama, a las 8 am, luego de

Sé un emprendedor de éxito

llegar de fiesta; yo a esa hora, estoy saliendo a correr. Cuando es sábado y todos están de fiesta; yo estoy haciendo, mis sueños realidad. Cuando otros están muriendo, en aulas universitarias; yo estoy aprendiendo apasionadamente, de los mejores… y ahora, estoy escribiendo esto para ti.

Me encuentro cada día, videos de empresarios, muy buenos en bienes raíces, que filman su trayecto, mientras están camino de una reunión. Me encanta ver a Grant Cardone, con su esposa, de camino a algo importante y actuando con mucha naturalidad. Eso me hace ver, que todo en esta vida, es posible. De que un día, pasaré de verlos en video, a ser como ellos.

La amargura es para los pobres, ya tú no eres uno de ellos. Ahora estás generando, nuevas fuentes de ingreso, mientras ellos siguen, en sus empleos infernales. Cada día para ti, es un paso más a la prosperidad. Alégrate del camino que estás tomando, valora cada paso que das, día a día.

Por último, quiero darte unos consejos, para incrementar tus ventas, mediante el marketing digital.

Como buen emprendedor que eres, debes saber, que lo que hace 20 años funcionaba, ahora está obsoleto. La gente se promociona por las redes sociales, usando imágenes o videos persuasivos. La persona que comunica mejor, es la que gana y se apodera, de una parte del mercado. Debes ser capaz, de transmitir tu mensaje, con más fuerza que los demás.

Un video, te ayuda a conectar más con el público. Usas tu lenguaje corporal, tu voz y otros elementos visuales, que captan por completo, la atención del usuario. Cuando eres capaz de persuadir, es cuando puedes construir una comunidad, personas leales a ti, a las que te será más fácil venderles. Para mostrarte como un referente, debes tener autoridad, confianza y simpatía. Con autoridad, me refiero a que debes mostrar, que eres un experto en lo que haces. Confianza, es que la gente sienta, que no la vas a estafar. Y simpatía, es que demuestres, cercanía con las personas, para que se sientan, más unidas a ti.

¿Cómo hago esto?. Aportando valor. Dependiendo del producto que vendes, puedes dar educación gratuita, sobre ese producto. Cuando estés aportando valor, con contenido en redes sociales, debes seguir la siguiente formula:
CURIOSIDAD + EDUCACIÓN + ENTRETENIMIENTO
A la hora de vender, mediante un video, tienes que hacer lo siguiente:

- Entretener al usuario. Dale motivos, para que vea, que vale la pena escucharte. Esto lo haces, en los primeros 5 segundos, con una pregunta retórica o contando una historia.
- Presenta el problema, que sabes que ese cliente tiene, y que puedes solucionar.
- Explica los beneficios de tu producto.

Cuando educas al cliente, haces que vea, que lo que tú le estás ofreciendo, es ideal para ellos. Por ejemplo, puedes dar una clase gratis online, donde aportas contenido de valor y haces que ellos, se quiten de encima, objeciones que tenían, con respecto a tu producto/servicio. Cuando la persona está convencida, es más sencillo hacerle una venta, ya que sabe, que el momento de tomar acción, es ahora. Tu video debe mostrar, que aquello que

ofreces, le dará la transformación que desea. Que va a ser capaz, de adquirir nuevas habilidades y que está destinada para ello.

Ahora bien, ¿cómo hago para que la gente llegue a mi?.
- **Tráfico pagado:** Son las personas que llegan a ti, gracias a los anuncios que pagas, el anuncio debe ser persuasivo, para que vayan a tu web.
- **Tráfico generado:** Son las personas que te siguen, que les gusta el contenido que compartes y que confían en ti. Si das contenido de valor, ellos lo van a aprovechar.
- **Tráfico prestado:** Vienen de otra persona, que te promocionó. Ellos confían en ti, porque otro referente, ha hablado de ti. Debes persuadirlos, para que se unan a tu comunidad.

Esto lo puedes ver, cuando alguien vende un curso. Por lo general, suelen hacer un webinar, donde te enseñan contenido del curso. Te llevas unos cuantos tips, para poner en práctica y al final, te hacen un llamado a la acción, para que compres el curso. Si aportas un buen valor y tienes un producto que vale la pena, vas a generar más ventas. Lo importante, es conectar con el espectador que te está viendo, debe confiar en ti y ver, que tienes la mejor solución de todas.

FELICIDADES, AHORA SABES COMO OBTENER, MÁS FUENTES DE INGRESO.

Esto apenas, es el primer paso para ti, en el mundo de los negocios. Hay muchas más formas de ganar dinero, que pueden acomodarse a ti. Mi trabajo, ha sido darte unas cuantas, para que veas que es posible, ser un emprendedor. Es momento, de que transformes tu vida. Has hecho un gran trabajo.

Sé un emprendedor de éxito

Antes de terminar, quiero que hagamos un repaso de este capítulo. Luego te daré unos consejos, que te van a ayudar, en el camino de la libertad:

- Los dueños de negocios, son los ricos. Los consumidores, son los pobres.
- Pensamos, que hacerse rico durante una crisis, es inmoral; cuando lo inmoral es, quedarte sin hacer nada, dependiendo de subvenciones del estado.
- A la hora de buscar una propiedad, debes estudiar bien la zona.
- Debes buscar trabajar en una zona, que tenga una buena oferta y demanda.
- El Rent-to-Rent, consiste en que alquilas una vivienda y luego, tú la pones en alquiler. Es decir, estarías actuando como si fueras, el propietario del inmueble.
- Además de turistas, puedes centrarte también, en zonas estudiantiles.
- Tu trabajo siempre debe ser, ayudar al comprador, ahorrarle tiempo, energía y dinero, a la hora de buscar su coche.
- Puedes empezar de intermediario, el riesgo es mínimo, puedes llegar a cualquier bolsillo y no dependes de un jefe.

¡Sígueme y vayamos a los consejos, que te voy a revelar!

11 Consejos

Quiero felicitarte, porque has llegado a esta parte del libro. Has aprendido muchas cosas, a lo largo de este camino. Ahora quiero darte unos consejos, que te ayudarán a adoptar por completo, una mentalidad de abundancia. Recuerda, que estás viviendo una gran transformación personal, el mundo se ilumina con cada paso que das, todos quieren ser como tú.

Estoicismo Vs. Epicúreo:
El estoico, soporta y se sacrifica hoy, por un mañana mejor. Los estoicos, se someten a actos y situaciones desagradables, afrontan cosas muy difíciles, tienen derrotas. Construyen su valor y carácter en el proceso, así como los espartanos. Los espartanos, luchaban llevando sus cuerpos al límite, con entrenamiento diario. A los niños, no les daban toda la comida, solo la necesaria para sobrevivir y crecer; los dejaban insatisfechos. Ellos, no tenían miedo de morir en la batalla; preferían dar la vida, antes de entregarse al enemigo.

El epicúreo, es una persona que le gusta la vida loca, los excesos y las fiestas. Es desenfrenado, está siempre con la mentalidad de YOLO. Considera, que solo se vive una vez, que hay que asumir

riesgos, vivir con locura y ser feliz. Pero esta mentalidad, no te lleva al éxito. Lo único que hace, es que te estrelles y tires tu vida al basurero. El epicúreo, no se esfuerza en construir algo sólido, ya que no acepta, que las cosas toman tiempo. No invierte a largo plazo, solo quiere resultados rápidos.

Para crecer, debes ser como un gladiador; endurecerte y estar dispuesto a soportar, la adversidad física y mental. Pero, si quieres vivir, en la locura de la fiesta y el alcohol, te estarás llenando de un gran vacío interno. Sacrifícate hoy, para disfrutar mañana.

Asume la responsabilidad: Si te atracan, es tu culpa; si mañana te vas a la quiebra, es tu culpa; si no puedes pagar el alquiler, es tu culpa. Por ejemplo, si no puedes pagar el alquiler, es porque estuviste desperdiciando tu dinero en lujos, en vez de ponerlo donde debías. Para esto, debes estar siempre atento y preparado, para lo que pueda venir… Incluso, prepararte en el camino. Mientras más grande sea tu kit de herramientas, más versátil serás y siempre tendrás la capacidad, de afrontar cualquier situación.

Si siempre culpas a los demás, nunca triunfarás. Los grandes referentes, odian culpar a otros; ellos aman solucionar problemas.

Metas: Debes establecer objetivos, que sean 10 veces más grandes, de lo que crees que necesitarás, para alcanzar la meta original; y tomar 10 veces más acción, de la que creas necesaria. Las personas, suelen poner objetivos muy pequeños. Pasan mucho tiempo compitiendo con los demás, en vez de enfocarse en ellos mismos; subestiman los obstáculos a superar, para alcanzar la meta.

Cuando limitas tus objetivos y el éxito que deseas, limitas todo

Sé un emprendedor de éxito

aquello necesario para conseguirlo; como resultado, terminas perdiendo. Tú, debes ir a por lo grande… y en el camino, ir cumpliendo con pequeños objetivos. No puedes encoger tu éxito, porque así, nunca llegarás a la meta.

Siempre apunta alto: En el camino del éxito, se espera que superes los obstáculos. Para poder compensar el tiempo que te tomó, superar esa dificultad, tienes que elevar tus expectativas. De esta forma, te aseguras que llegarás, a la meta que quieres. Cuando no estés consiguiendo tus objetivos del mes, no bajes tus objetivos, nunca bajes tus expectativas. Asume, que no estuviste completamente comprometido, con lograr lo que querías; y por tanto, tienes que poner más acción. La próxima vez que te pongas un objetivo, multiplícalo por 20; pero no olvides, poner más energía en ello.

Éxito: ¿Qué éxito buscamos?. El éxito, involucra todas las áreas de tu vida, espiritual, profesional, físico, familiar y financiero. Depende de ti, es sumamente importante, porque cuando vas a por el éxito, evolucionas como persona. Es tu obligación y responsabilidad moral, hacer lo mejor para ti, tu familia, negocio y para el mundo. Tus objetivos pueden ser alcanzados, si pones tus expectativas, 10 veces más altas, de lo que querías. Las personas de éxito, no son suertudas; toma mucho trabajo llegar, a donde ellos han llegado. No hay éxito posible, de la noche a la mañana. Todo es resultado, de la acción que tomaste.
"El éxito, se produce como resultado de reclamos mentales y espirituales de poseerlo, seguido de tomar las acciones necesarias con el tiempo, hasta que se adquiere". - **Grant Cardone.**

Pensamos, que si nosotros alcanzamos el éxito, no habrá éxito

para los demás. El éxito es algo infinito, todos podemos llegar ahí, pero solo los ganadores de verdad, lo conseguirán. El éxito, no es algo que tiene límites, lo puedes conseguir, todo depende de tu compromiso. No hay atajos para triunfar, no hay trucos o camino fácil. La gente, a veces quiere la estrategia perfecta, pero tienen una mentalidad pobre. El éxito, no es un casino. No te amargues, si otros están triunfando antes que tú, motívate con ello y ve que es posible, conseguir lo que quieres.

Acción: Toma la misma cantidad de trabajo, no hacer nada, que hacer algo. Cuando estás de vago, toma el mismo esfuerzo, lucir como productivo, que ser productivo. Entonces, ¿no es mejor ser productivo?. Eso es lo que tienes que hacer. Siempre hay algo que hacer, siempre puedes mejorar algo y aprender una cosa nueva.

Rendirse, requiere la misma energía, que hacer algo. Es mucho mejor, que enfoques esa energía, en seguir el camino al éxito; en vez de tirar la toalla, como hacen muchos, que terminan sus vidas, siendo infelices.

Ten obsesión: ¿Te dijeron que obsesionarse es malo, que te haría una mala persona?. Sé como se siente eso, he pasado por ello; incluso llegaron a decirme, que me convertiría en un asesino. Obsesionarte con tus objetivos, sueños y la vida que quieres, es lo mejor que puedes hacer. Haz, que la obsesión de alcanzar tus metas, te domine; de esta forma, nunca olvidarás lo que viniste a hacer en este mundo.

Liderazgo: El líder, es el responsable de todo; debes comportarte como SEAL. En un equipo, familia, negocio, si algo falla, es responsabilidad del líder. El líder, debe asumir sus errores y crear

un nuevo plan de éxito, cuando sea necesario. No puedes estar culpando a tus pupilos, debes mirarte en el espejo, porque si estás fallando, puede ser una causa, por la cual los demás fallan. Tú, eres el ejemplo y te van a seguir.

Si a alguien de tu equipo, le está costando mucho progresar, o no está rindiendo como debería, tu deber como líder, es entrenarlo. En el caso, de que esa persona igual no progrese, deberás tener la firmeza y sustituirla.

Tomar la responsabilidad, de que las cosas no salieron bien, es algo muy difícil de aceptar. Es una batalla interna, con nuestro ego; no queremos reconocer, que no dimos lo mejor de nosotros. Pero cuando asumes, que hiciste las cosas mal, es un gran acto de valentía y humildad. Debes hacerlo, porque así aprenderás y crecerás como líder.

Para ser un buen líder, es necesario que veas con lupa, los problemas que tiene tu organización. Apreciar la realidad, tal como es, sin ataduras emocionales. Esto requiere, que dejes tu ego, aceptes tu culpa, en caso de que la tengas, corrijas las debilidades y sobre todo, mucho trabajo en equipo. Un líder, no toma el crédito de los éxitos de su equipo; otorga ese honor, a sus líderes subordinados y miembros del equipo.

Los líderes, nunca deben estar conformes con lo que tienen. Deben esforzarse por mejorar, además de construir, una mentalidad de éxito en su equipo. Si quieres inspirar a los demás, debes ser un fiel creyente de tu misión. Si no crees en lo que haces, te quedarás en la zona de confort y no ganarás batallas. ¿Cómo vas a inspirar, si no tienes resultados?. ¿Cómo pretendes inspirar, si no das el

ejemplo?. Cuando crees en tu misión, iluminas con tu brillo, a todo tu equipo y ellos, conectan contigo.

Simplifica las tareas. Cuando los planes son muy difíciles de entender, la gente no es capaz de tomar acción. Debes comunicar de manera clara, simple y directa. Tanto contigo, como con los demás. Si la gente no te entiende, es porque estás rodeado de pobres, o es que estás fallando en tu comunicación. Procura dar detalles del paso a paso, haz que tu equipo tenga claro, lo que debe hacer.

Como diría Jocko Willink, en el campo de batalla, suceden innumerables problemas, que producen un efecto de bola de nieve. Cada reto complejo, requiere atención. El líder, debe tener la cabeza fría, mantener la calma y tomar las mejores decisiones posibles. Hago mucho énfasis, en la importancia del apalancamiento y en tener un buen equipo, porque como líder, puedes verte agobiado, si quieres abordar varias tareas, al mismo tiempo. Debes crear líderes en tu equipo, hacer que se hagan autónomos. Tú, debes usar la matriz del tiempo, para priorizar las tareas.

12 Ganaste

Querido lector, quiero felicitarte una vez más, por todo el esfuerzo que has hecho, para llegar hasta aquí. Todo empezó, cuando salías del infierno, pasaste a vivir una vida llena de éxitos y ahora tienes la mentalidad adecuada, para ser una persona muy exitosa, dentro de los negocios. No ha sido nada fácil, has tenido que acabar con creencias limitantes, pero estás aquí. Pocos llegan a este punto, muchos han abandonado durante el camino, solo los grandes llegan al final. Eres un ejemplo a seguir, te has desmarcado de la mayoría, has hecho cosas que pocos hacen. Eres diferente, único, guerrero y ganador.

En este libro, aprendiste que debes construir tu imperio financiero; que si no lo haces, perderás el tren… y si lo pierdes, no hay vuelta atrás. Si no comienzas a tomar acción desde ahora, dentro de 5 años, seguirás estando en el mismo lugar. Tú, en menos de 5 años, le puedes dar un giro muy grande a tu vida, puedes alcanzar la libertad financiera. Estamos en un mundo cambiante, cada año suceden cosas nuevas y no te puedes quedar atrás.

Aprendiste también, que eres un imán para el dinero. Puedes tener todo el dinero que quieras, solo debes cambiar tu relación

con él; porque no es malo, eres tú quien no asimila, que el dinero es una herramienta, para poder dejar este mundo, mejor de como te lo encontraste. Asimilaste, que debes enfocarte en hacer lo que amas, porque aquello que amas, puede llevarte a la libertad financiera. Debes combinar los principios espirituales, con los principios de los negocios; ambas cosas, pueden ir juntas. Las personas piensan, que si eres espiritual, no puedes ser millonario… ¡Que equivocados están!. Para ser millonario, hay que ser espiritual. Entendiste también, que tu servicio/producto, debe ser único; con unos estándares muy altos, que le hagan destacar de los demás.

Si pretendes hacer, las cosas que los demás están haciendo, estarías cavando tu propia tumba. Un emprendedor, da soluciones; pero además de eso, debe innovar.

DEMANDA + SUMINISTRO + CALIDAD + CANTIDAD = DINERO

Ahora sabes, que para ser millonario, debes ser más grande, que los problemas que se te presenten; no puedes rendirte y debes seguir con tu plan, pase lo que pase.

¿Cierto que al principio dudaste de ti?. ¡Sí, dudaste!. Creíste, que no serías capaz de asimilar todo esto, pero lo has logrado.

Sabes cosas, que muy pocos saben. Tienes habilidades, que no todo el mundo tiene; sabes persuadir. Todos los millonarios, deben alcanzar cierto grado de maestría, en la persuasión. Tú, como emprendedor, vas a tener que persuadir, en varios niveles: Necesitarás persuadir a tu familia, para que te den apoyo como

emprendedor; vas a tener que persuadir a accionistas, para contar con su capital; a empleados, para que trabajen contigo y a las personas, vas a tener que convencerlas, de que tu producto o servicio, es el indicado. Incluso, necesitas persuadirte a ti mismo, para entrar en el programa mental, de querer trabajar diariamente en tu negocio.

Ahora sabes, la importancia de leer a las personas, para determinar, quienes pueden estar a tu lado.

Antes, no sabías la importancia de apalancarte, para hacer crecer tu negocio; ahora ya sabes, que debes crear un sistema. El sistema, va a hacer que el negocio pueda seguir funcionando, sin que estés presente. Los límites a los ingresos, los pones tú. Cuando tienes un sistema, que va en piloto automático, no hay nada que detenga, el crecimiento de tu negocio.

Entiendes, que como emprendedor, debes saber planificar. Eres capaz de hacer un análisis DAFO, para determinar las áreas de mejora de tu negocio. Ya no vas por el mundo sin brújula, sabes a donde ir y que hacer. No eres una persona, que toma decisiones al azar; sino las mejores resoluciones, para tu vida y negocio.

Anteriormente, no sabías lo importante de tener, una buena gestión monetaria. Pensabas, que para tener una buena gestión monetaria, había que tener mucho dinero, pero no es así. Si tienes poco dinero, debes saber gestionarlo. Una buena gestión, te llevará a ser libre financieramente. Eres ahora una persona, que sabe diferenciar entre activos y pasivos; ahora tu foco está en adquirir activos, que te hagan ser rico. Conoces, diferentes formas de ahorrar dinero. También te di consejos, que muy pocos

saben y que desde hoy, los vas a poner en práctica.

No solo conoces puntos claves, con respecto a ganar dinero; también aprendiste, diferentes formas de ganarlo. Estás enterado, de que puedes ganar dinero, invirtiendo en bienes raíces, sin necesidad de tener un gran capital; puedes hacer Flipping House, o Rent-To-Rent, usando el dinero de otros. Manejas información, que muy pocos saben, sobre el sector de la automoción; puedes empezar siendo intermediario, e ir poco a poco escalando. Los limites los pones tú, puedes empezar ahora mismo con tu propio negocio. No debes estar pidiendo permiso, lo importante es comenzar a tomar acción.

Desde ya, tienes la capacidad de emprender este camino, eres una persona emprendedora, capaz de llevar su situación económica, al siguiente nivel. No importa lo que digan los demás, lo único que importa, eres tú. Quiero darte un gran abrazo, gracias por darme tu apoyo, eres mi motivación, para seguir adelante. Hemos sido grandes compañeros, hubo momentos donde pensamos, que todo se ponía gris, pero no fue así; siempre dimos un paso más. Algunos se quedaron a medio camino, pero tú llegaste hasta el final. Gracias por depositarme tu confianza, eres quien hace, que dé lo mejor de mí.

Pensarás, que esta historia acaba aquí, que ahora te toca ir solo por la vida. Pues no te preocupes, es momento de que tomes acción, pero no estás solo. Tienes las habilidades, para rodearte de personas maravillosas; vas a tener buenos amigos y buena pareja, que te acompañarán en todas tus aventuras. Además, puedes contactarme siempre que desees; yo te despejaré las dudas que tengas. Soy tu fiel compañero, que siempre estará contigo. Nos

Sé un emprendedor de éxito

seguiremos viendo, por mis redes sociales.

Te espero :)

13 Escucha la voz de tu alma

Quiero revelarte el secreto, que ha cambiado mi vida por completo; lo que hizo que mi vida, fuera al siguiente nivel. Lo que hace que ahora, pueda hacer mis sueños realidad.

Hace un tiempo, me encontraba en el infierno de mi vida, vivía sin un propósito, no sabía que hacer y todos los días, estaba deprimido. Fue una etapa muy difícil, me sentía solo y no sabía, que pasaría con mi vida. Todo era un calvario, pasé muchas noches llorando, con la esperanza, de que todo pudiera cambiar. Las cosas se ponían cada vez peores, sentía que no soportaría tanto dolor. En el fondo, algo me decía que tenía que luchar, seguir adelante y que iba, a encontrar la respuesta.

Comencé a limpiar mi interior, quería estar bien espiritualmente. Necesitaba paz, para poder llenar de felicidad mi vida... Y lo encontré. Un buen día, un amigo me recomendó el libro, La Voz De Tu Alma, escrito por Lain García Calvo. Este libro, hizo que mi vida diera un giro por completo; mi forma de pensar cambió, comencé a dejar de ser una víctima, para convertirme en un alma imparable. Era una persona, que había perdido la Fe; que se rendía, cuando las cosas iban mal; todo eso cambió, cuando leí,

La Voz De Tu Alma.

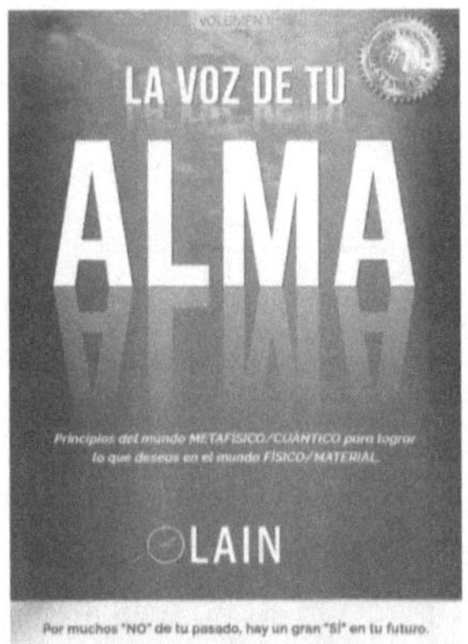

laingarciacalvo.com

Leer a Lain, además de aplicar todo lo que él dice, hizo que pudiera superar la depresión. Permitió que ahora, pueda estar aquí contigo. Abrí mi mente y descubrí, mi propósito de vida. Ahora, hago lo que amo, vivo feliz y todos los días, me levanto con las ganas, de comerme al mundo e inspirar a los demás. Quiero construir un mundo mejor, llegar lejos y hacer que otros, puedan transformar su vida.

Querido lector, quiero decirte que tienes delante de ti, una de las mayores bendiciones de tu vida, no es casualidad de que esto, llegue a tus manos. No te vas a arrepentir, los cambios que tendrás, son tan grandes, que nadie de tu entorno, lo va a creer.

13

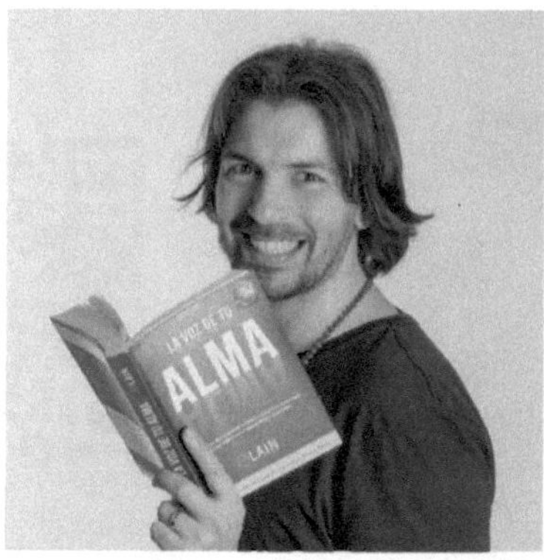

Lain, quiero decirte, que eres muy importante en mi vida, te llevo siempre en mi corazón. Sin ti, no sé que sería de mi; soy quien soy, gracias a ti. Eres mi inspiración, la persona que me llenó de energía, cuando más lo necesitaba; la que logró que ahora, sea capaz de hacer lo que me proponga. Lain, eres grande, imparable. Quiero que sepas, que has cambiado mi vida; has sido la luz, en medio de la oscuridad. ¡El mundo neceita de ti!.

Con la saga, LA VOZ DE TU ALMA, aprendí que por muchos NO, de nuestro pasado, hay un gran SÍ, en nuestro futuro.

Te amo.

laingarciacalvo.com

Sé un emprendedor de éxito

Vamos a vernos en las redes sociales